Geist und Psyche

Ronald Wiegand

Der Mitmensch als Ärgernis

Kindler
Taschenbücher

GEIST UND PSYCHE
Herausgegeben von Nina Kindler

© Copyright 1977 by Kindler Verlag GmbH, München
Originalausgabe
Alle Rechte vorbehalten, auch die des teilweisen Abdrucks,
des öffentlichen Vortrags und der Übertragung durch
Rundfunk und Fernsehen. Fotomechanische Wiedergabe
nur mit Genehmigung des Verlages.
Redaktion: Helga Watson
Korrekturen: Irmgard Wutz
Gesamtherstellung: Friedrich Pustet, Regensburg
Printed in Germany 1977
ISBN 3 463 02183 8

Inhalt

Vorbemerkung

Die fünf Kapitel dieses Buchs beruhen auf Vorträgen und Lehrveranstaltungen die für die vorliegende Veröffentlichung überarbeitet wurden. Das Kapitel über *»Konformismus und Aggression«* enthält meinen Habilitationsvortrag am Fachbereich Philosophie und Sozialwissenschaften der Freien Universität Berlin. »Der seelisch ›gesunde‹ Mensch« stellt die Nachlese eines Proseminars dar, das ich im Winter 75/76 zusammen mit Dipl.-Psych. ROSWITHA BAASNER geleitet habe.

Ebenso wie die Arbeit über *Gesellschaft und Charakter* (1973; München: Kindler Verlag, Tb. 2098) sind die hier vorgelegten Ergebnisse geistig verankert im »Berliner Arbeitskreis für Tiefenpsychologie, Gruppendynamik und Gruppentherapie«, der von meinem Lehrer in der Tiefenpsychologie und Psychotherapie Dr. med. et phil. JOSEF RATTNER geleitet wird. Für die vielfältigen Anregungen, Ermutigungen und Hilfen, die ich hier erfahren habe, sage ich auf diesem Weg allen Mitarbeitern und Freunden herzlichen Dank.

Berlin im Sommer 1976   *Ronald Wiegand*

1. Der Mitmensch als Ärgernis und Aufgabe

Die Gelegenheiten und Anlässe, bei denen Menschen ärgerlich werden, sind in unserem täglichen Leben so zahlreich und allgegenwärtig, daß sie sich nicht aufzählen lassen. Nehmen wir nur den engsten Kreis der Familie, in dem jeder von uns lebt oder gelebt hat, so finden wir unzählige zerstrittene Ehen, in denen sich die Partner wechselseitig »auf die Nerven« gehen, in denen Höhepunkte heftigen Streitens mit Perioden abwechseln, in denen die beiden Beteiligten dumpf-grollend oder resignierend nebeneinander herleben. – Wir finden allenthalben Eltern-Kind-Beziehungen, in denen fortlaufend gezankt, gestritten, gestraft und gegrollt wird, und wo das Kind in seiner ganzen Existenz zum Ärgernis des erwachsenen Erziehers geworden ist. – In so und so vielen Familien spielt der Vater und Ehemann die Rolle des Haustyranns, der sich ständig über dies und jenes aufregt und die Hausgenossen seinen Unmut fühlen läßt. Der Ärger mit der ›bösen Schwiegermutter‹ hat schließlich fast sprichwörtlichen Charakter.

Auch der Arbeitsplatz in Industrie Handel, Handwerk usw. ist für viele eine Stätte täglichen Ärgers, die sie morgens nur mit Unwillen aufsuchen und bei Feierabend mit »sauren« Gefühlen wieder verlassen. Da gibt es den Vorgesetzten, der seine Mitarbeiter in kleinlicher Weise kontrolliert, zurechtweist, ungerecht kritisiert oder lächerlich zu machen versucht. Es gibt – aus der Sicht des Vorgesetzten – umgekehrt sehr viele Mitarbeiter, die diesen durch scheinbare Bequemlichkeit, Denkfaulheit und Nachlässigkeit täglich zur Verzweiflung treiben. – Und die Kollegen untereinander bilden nur höchst selten eine verschworene Gemeinschaft: Neid, Mißgunst, bösartiger Klatsch und manchmal auch nur ein stechender Körpergeruch werden für die unmittelbar nebeneinander oder miteinander Arbeitenden zur Quelle offenen oder auch »heruntergeschluckten« täglichen Ärgers.

Zu Beginn des Feierabends gibt die Fahrt vom Arbeitsplatz zur Wohnung häufig weiteren Anlaß, sich zu ärgern. Rücksichtslosigkeiten im Straßenverkehr, gewagte Überholmanöver, ständiges Linksfahren auf der Autobahn, Kolonnenspringen, dichtes

Auffahren auf den Vordermann, Langsamfahren vor grüner Ampel und anderes mehr bieten reichlich Gelegenheit, um den inneren Seelenfrieden zu gefährden. – Wer dann etwa noch zur Post muß, findet oft genug eine lange Schlange von Wartenden vor, in der er nur sehr, sehr langsam zum Schalter vorrücken kann. Und er muß womöglich erleben, wie der Schalterbeamte nun, bevor er an die Reihe kommt, ein Schild aufstellt mit der Aufschrift »Vorübergehend geschlossen«, weil er für den Übertrag in seinem Kontoblatt eine Spalte aufaddieren muß.

Gelegenheiten, sich zu ärgern, gibt es aber nicht nur in Beziehungen vom Ich zum Du, von »Mensch zu Mensch«. Auch das wirkliche oder vermeintliche Verhalten gesellschaftlicher Gruppen wird für viele zum Anlaß, sich zu ärgern. Denken wir etwa an die »aufsässigen« Studenten, die ihr Studium aus der Sicht vieler Menschen »auf Kosten des Steuerzahlers« finanzieren und die Zeit – statt etwas »Anständiges« zu lernen – dazu benutzen, sich um Dinge zu kümmern und in Dinge hineinzureden, wo sie »gar nichts zu suchen« haben; an den Ärger vieler Unternehmer über die in ihren Augen »unverschämten« Lohnforderungen der Gewerkschaften. In Verbindung mit den Forderungen nach Mitbestimmung zeichnet sich für viele von ihnen bereits der künftige Gewerkschaftsstaat ab, in dem für freie und schöpferische Initiativen des einzelnen kein Platz mehr ist, und in dem die Gewerkschaftsfunktionäre die neue »herrschende Klasse« bilden. – Umgekehrt wiederum erleben manche Studenten und andere »Linksintellektuelle« die Unternehmer als einen Stein des Anstoßes, weil sie sich in ihren Augen als »herrschende Klasse« gegen die berechtigten Forderungen des von ihnen ausgebeuteten Volkes verschworen haben. – Weitere Beispiele dafür, wie gesellschaftliche Gruppen für den einzelnen zum Ärgernis werden, seien nur angedeutet durch Sätze wie »Politik ist und bleibt ein schmutziges Geschäft«, »alle Politiker sind käuflich«, »die Gastarbeiter nehmen den Deutschen die Arbeitsplätze weg«, »mit den Fluglotsen sollte man kurzen Prozeß machen«, »diese langhaarigen Jugendlichen sollte man alle erst mal zum Militär schicken«, und wir erinnern uns wohl auch noch an Sätze wie »die Juden sind an allem schuld«.

Wenn wir das Problem des Ärgers anhand der genannten Beispiele und beliebig vieler weiterer untersuchen wollen, dann müssen wir offenbar die seelische Dynamik des Vorgangs genauer betrachten, der sich da jedesmal abspielt, wenn wir uns ärgern. Wir können hierzu auf eine Reihe von Experimenten zurückgreifen, die eine Schülerin KURT LEWINS bereits anfangs der dreißiger Jahre durchgeführt und analysiert hat. KURT LEWIN gilt als der Begründer der »Feldtheorie« in den Sozialwissenschaften, die das Verhalten von Menschen stets im Zusammenhang mit den Situationen untersucht, in denen sie sich jeweils befinden. LEWINS Schülerin, TAMARA DEMBO, hat seinerzeit einigen Versuchspersonen, die sich freiwillig zur Verfügung gestellt hatten, eine Reihe von Aufgaben gestellt, die sich praktisch nicht lösen ließen, obwohl der Versuchsleiter zu Beginn der Versuche und auch in deren Verlauf stets behauptete, die Aufgabe sei lösbar (1)*. Die Versuchspersonen sollten unter anderem 10 Ringe auf zwei weit entfernt stehende Flaschen werfen, und zwar fehlerlos; ein anderes Mal sollten sie aus einem Standquadrat heraus eine Blume von einem Bock angeln, der jedoch zu weit entfernt stand, um ihn mit Hilfe eines vorhandenen Stockes oder im Liegen zu erreichen, ohne dabei das mit Kreide auf den Boden gemalte Quadrat mit den Füßen zu verlassen. Die Versuchspersonen bemühten sich natürlich alle zunächst, die gestellte Aufgabe zu lösen. Sie warfen die Ringe, ohne mehr als ein- oder zweimal eine der Flaschen zu treffen; sie angelten mit dem Stock nach der Blume oder legten sich auf den Boden, ließen die Füße im Quadrat und streckten sich so lang wie möglich aus. Alle ihre Bemühungen wurden aber frustriert und der Versuchsleiter beobachtete nun, wie sich die Situation weiterentwickelte.

Die fruchtlosen Versuche führten zunächst zu einer Reihe vorärgerlicher Verhaltensweisen. Die Versuchspersonen begannen zu überlegen – laut oder leise –, wie sich das Problem vielleicht doch lösen ließe. Diese Phantasietätigkeit wurde um so reger, je schwieriger sich die Sache tatsächlich bewerkstelligen ließ. Die Entfernung vom aufgemalten Kreis oder Quadrat bis zu den Flaschen bzw. zu der Blume erwies sich als eine Art Barriere, die es zu überwinden galt. Mit anhaltender Erfolglosigkeit der Bemühungen neigten einige Personen dazu, den Versuch abzubrechen und das Feld zu räumen. Sie wurden daran jedoch gehindert, weil der Versuchsleiter beharrlich bei seiner Aussage blieb,

---

* Die in Klammern gestellten Ziffern verweisen auf die Anmerkungen jeweils am Ende eines Kapitels.

daß für die gestellte Aufgabe eine Lösungsmöglichkeit vorhanden sei. Das Verlassen der Situation mußte unter diesen Umständen als eine Art Blamage für die Versuchspersonen erscheinen und löste peinliche Gefühle aus. Man könnte diese Schwierigkeit, sich dem Problem einfach zu entziehen, als eine zweite Barriere gleichsam im Rücken der Versuchsperson auffassen. Nennen wir sie mit DEMBO einfach Außenbarriere. Die Versuchspersonen wurden sich zunehmend bewußt, daß sie zwischen zwei Hürden eingeklemmt waren: die Schwierigkeit, die gestellte Aufgabe zu lösen, stellte die Innenbarriere dar; die Peinlichkeit, die Sache einfach auf sich beruhen zu lassen, bildete die Außenbarriere. Eine Lösung der Aufgabe wurde dadurch gefühlsmäßig um so dringlicher, und es war sehr interessant zu beobachten, wie die Wahrnehmung der Versuchspersonen sich unter diesem Druck veränderte. Die Gegenstände in dem Versuchsraum verloren für sie allmählich ihre gewohnte Bedeutung und wurden unter dem Gesichtspunkt eines möglichen Werkzeugs oder Hilfsmittels auf dem Weg zum Ziel betrachtet: Hatte eine herumfliegende Bettfeder vielleicht eine Bedeutung? Schaute der Versuchsleiter nicht immer wieder in eine bestimmte Ecke des Raumes? Wollte er damit etwas andeuten?

Einen anderen Ausweg suchten einige Versuchspersonen, indem sie dem Versuchsleiter unzureichende Ersatzlösungen anboten und sie ihm schmackhaft zu machen suchten. Genügte es nicht vielleicht, wenn statt der zehn, nur zwei Ringe sich über den Flaschenhals werfen ließen? Konnte man die Blume nicht mit irgendeinem Gegenstand vom Bock werfen und sich damit zufriedengeben? Könnte der Versuchsleiter nicht einen Augenblick wegschauen, so daß die Versuchsperson unbeobachtet aus dem Quadrat heraustreten konnte? – Es hing dabei offenbar von dem inneren Anspruchsniveau der Versuchspersonen ab, wie bald sie derartige Ersatzlösungen vorzubringen versuchten und welche ›Qualität‹ diese hatten. Das Verhalten aller Personen glich nach einiger Zeit einem Hin- und Herlaufen an beiden Barrieren, wie man es vielleicht von Raubtieren in ihren Käfigen kennt. Vom Versuch, die Außenbarriere zu überwinden, indem sie den Versuchsleiter umstimmten, kehrten sie an die Innenbarriere zurück und versuchten, der Situation durch verstärkte Anstrengung endlich zu entkommen. Mit der aufdringlicher werdenden Wahrnehmung der festen Geschlossenheit beider Begrenzungen entwickelte sich in ihnen das Empfinden einer akuten Unfreiheit, eines Festgehaltenseins, und dies führte nach kürzerer oder längerer Zeit zum Aufkommen des Ärgers.

Aus dem Gefühl des Eingeschlossenseins entwickelte sich in den Versuchspersonen allmählich die Überzeugung, sich in einer Kampfsituation gegenüber dem Versuchsleiter zu befinden, da dieser sie mit seinen wiederholten Versicherungen, die Aufgabe sei lösbar, in der unangenehmen Lage festhielt. Das Umschlagen der Bedeutungen innerhalb der bestehenden Situation in eine kämpferische Richtung brachte den Versuchspersonen dabei eine erhebliche Erleichterung und Verbesserung ihrer Lage ein: ohne ihr Gesicht zu verlieren, konnten sie nämlich das sachbezogene Problemfeld »verlassen« und sich aus der Position des Unterlegenen, an seiner Aufgabe Scheiternden befreien. Als *Kämpfende*, die sich gegen die boshaften Absichten des Versuchsleiters zur Wehr setzten, waren sie diesem gegenüber gleichberechtigt. –

Am Ärgerlichwerden der Versuchspersonen ließen sich eine Reihe von Abstufungen erkennen und eine Entwicklung beobachten. Anfänglich äußerte er sich bei den meisten in spitzen Bemerkungen, an die sich allmählich kritische Zweifel in bezug auf die Spielregeln anschlossen. Mit weiterer Zuspitzung der Situation kam es jedoch zu einer immer direkteren Konfrontation der Beteiligten, die sich bis zur Form des »nackten«, direkten Befehls und der »nackten«, scharf betonten Gehorsamsverweigerung steigern konnte. Für die Versuchspersonen – übrigens nicht für alle, die an den Versuchen teilnahmen, und auch individuell in unterschiedlicher Weise – verdichtete sich das Gefühl des Eingeschlossenseins nach einiger Zeit zu der Empfindung einer akuten Bedrohung, so daß der am Ende bei einigen auftretende Wutausbruch als eine Affekthandlung aufgefaßt werden muß, die auf die gewaltsame Befreiung aus dieser höchst unangenehmen Lage zielt.

Kehren wir nun wieder zu unseren Beispielen aus dem Alltagsleben zurück und sehen zu, ob sich aus dem geschilderten Experiment und seinen Ergebnissen ein besseres Verständnis ergibt. Sicherlich können wir sagen, daß jeder von uns in seinem täglichen Tun und Lassen bestimmte Ziele verfolgt, wie unsere Versuchspersonen auch. Diese alltäglichen Aufgaben können durch Anweisungen des Vorgesetzten, des Lehrers vorgegeben sein; sie können sich aus Anforderungen ergeben, die die menschliche Umgebung an uns heranträgt; unsere Ziele können schließlich auch durch Wünsche und Bedürfnisse bestimmt sein, die aus unserem Inneren aufsteigen. Ebenso finden sich in der Wirklichkeit des Alltags mannigfache Hindernisse, die unseren Versuchen im Wege stehen, die angestrebten Ziele zu erreichen. Am Arbeitsplatz kann die Vielzahl der Bewerber meinen persönlichen Aufstieg behindern; die Migräne der Ehefrau kann den Wunsch nach sexueller Befriedigung zunichtemachen; die Erkrankung eines Kindes durchkreuzt eventuell die Abreise in den Urlaub; durch einen Verkehrsunfall, in den wir schuldlos verwickelt werden, versäumen wir vielleicht einen für uns wichtigen Termin; eine lang geplante Investition im eigenen Unternehmen wird durch einen unerwartet schnellen Preisanstieg zumindest verzögert; usw. usf. Man kann sich leicht weitere Beispiele selbst ausdenken. Hindernisse bedingen aber keinesfalls zwangsläufig, daß wir darüber ärgerlich werden. Im täglichen Leben gibt es meistens einigermaßen akzeptable Möglichkeiten der Ersatzbefriedigung, des Ausweichens oder Umdisponierens, und schon manch einer hat beim Warten auf den nächsten Zug einen lieben Menschen kennengelernt, den er seither nicht mehr missen möchte. Damit wir ärgerlich werden, muß zu einer Situation offenbar eine weitere Bedingung hinzukommen, die wir in unserem Experiment als Außenbarriere bezeichnet haben. Angesichts einer Schwierigkeit, eines Hindernisses, eines drohenden Mißerfolges muß uns auf irgendeine Weise der Rückweg versperrt sein, damit es schließlich zum Ärger und eventuell zum Wutausbruch kommt. Diese Außenbarriere muß keineswegs eine materielle Schranke sein, sie kann so unscheinbar sein wie der Kreidekreis in unserer Experimentalanordnung, ja sie kann unsichtbar sein, wie es die ungeschriebenen Spielregeln sind, die unser Alltagsleben vielfältig bestimmen.

Um wieder auf unsere Beispiele zurückzugreifen: wenn in vielen Ehen häufig und heftig gestritten wird, und gar nicht wenige Familienbeziehungen durch blanken Haß gefärbt sind, so wird dieser Tatbestand erst voll verständlich, wenn wir erfahren, daß die Ehe von den Beteiligten als unauflöslich betrachtet wird (2). Diese »Außenbarriere« kann in der Rücksicht auf die Verwandtschaft oder auf die Kinder bestehen, in der Furcht, bestehende Konventionen zu verletzen, oder auch in materiellen Motiven. An diesen Hintergrund sollten wir auch denken, wenn immer wieder in der Zeitung zu lesen ist, wie ein Vater oder beide Eltern ihr Kind halb totgeschlagen haben, nur weil sie zum Beispiel ihre Ruhe haben wollten und das Kind ständig schrie (3). – Der im Berufsverkehr eingekeilte Fahrer drückt wütend auf seine Hupe, weil er die Wagen vor sich als »Innenbarriere« erlebt, die wartende Familie oder die Verabredung oder das Fußballspiel um halbfünf aber als »Außenbarriere« »hinter« sich weiß. Der Unternehmer, der über die Lohnforderungen der Gewerkschaften in Zorn gerät, kann der ökonomischen Schwierigkeit gestiegener Lohnkosten nicht einfach ausweichen, indem er seinen Betrieb veräußert. Auch der studentische Protest in den letzten zehn, fünfzehn Jahren sollte unter dem Gesichtspunkt betrachtet werden, daß hier aufstrebende und auch ehrgeizige junge Leute innerhalb und außerhalb der Universität Schwierigkeiten einer erfolgreichen Berufskarriere »vor« sich sehen, die für sie ohne eine Änderung der gesellschaftlichen Spielregeln unüberwindbar erscheinen können. Ihre Kritik am System der kapitalistischen Konkurrenzwirtschaft muß deshalb als ein durchaus sachlich gemeinter Versuch betrachtet werden, diese Spielregeln in Richtung größerer Chancengleichheit zu verändern. Eingeklemmt zwischen den Ungewißheiten ihres beruflichen Weges – was wohl besonders für die Studenten der neugeschaffenen Fächer wie Soziologie oder Politologie gilt – und den eigenen oder den elterlichen Erfolgserwartungen, wird es für manche von ihnen zur Versuchung, ihre mißliche Lage zu vereinfachen und ihre Selbstachtung zu stärken, indem sie das Feld im Sinne einer Kampfsituation uminterpretieren. Indem sie die »herrschende Klasse« der Kapitalisten und ihrer »Helfershelfer« sozusagen zum »Versuchsleiter« machen, dessen Boshaftigkeit es abzuwehren gilt, *personalisieren* sie ihre Schwierigkeiten und gewinnen dadurch die Möglichkeit, ein sachbezogenes Problemfeld zu verlassen und sich aus der Rolle des Unterlegenen, an seiner Aufgabe Scheiternden zu befreien zugunsten einer gleichberechtigten Rolle als Gegner, mit dem gerechnet werden muß.

Die Personalisierung, welche dem seelischen Vorgang des Ärgers zugrunde liegt, ist ein sehr weitverbreitetes Phänomen und keineswegs auf verzweifelnde Studenten beschränkt, die sich mit Gewalt einen Weg zur Freiheit erkämpfen wollen, wie sie sie verstehen; auch nicht auf unsere Versuchspersonen, die sich so ihres hartnäckigen Versuchsleiters entledigen möchten. Man kann ohne Übertreibung sagen, daß eine sachliche Haltung gegenüber auftauchenden Schwierigkeiten – auch wenn damit das eigene Versagen festgestellt werden muß – geschichtlich gesehen eine relativ junge Errungenschaft der Menschen darstellt. In weiten Bereichen des Lebens haben frühere Zeitalter angesichts von Mißgeschicken, die als eigenes Versagen empfunden wurden, personalisiert und nach dem Schuldigen zu suchen begonnen oder nach ihm gerufen. Wenn etwas schiefgegangen war, mußte es jemand *gewollt* haben, hatte offenbar ein wollendes Wesen sich unserem Wollen entgegengestellt und uns demütigend zu Fall gebracht. Erinnern wir uns nur daran, wie in den frühen vorchristlichen Religionen die ganze Natur als belebt galt (Animismus) und jedes Ereignis auf das Wirken einer Gottheit, einer Fee, Nymphe, eines guten oder bösen Geistes, einer Hexe oder des Teufels zurückgeführt wurde. Und die »Technik«, mit Schwierigkeiten wie Dürre und Trockenheit, Hagel und Sturm, Krankheit oder Unfruchtbarkeit umzugehen, bestand weitgehend darin, die vermuteten bösen oder guten Geister zu beschwichtigen, durch milde Gaben zu bestechen, oder auch sie einzuschüchtern und durch Lärm und Getöse zu verjagen, wovon die Silvesterknallerei bei uns noch ein Rest ist. Es ist uns zugleich bewußt, wie weit wir heute in bezug auf die außermenschliche Natur über derartige Geisterbeschwörung und Geisterbekämpfung hinaus sind. Die Naturwissenschaften stellen geradezu ein Programm der *De*-Personalisierung, der *Ent*-Seelung von Natur dar (4). Und man macht sich lächerlich, wenn man morgens etwa den Wagen mit dem Fuß treten würde, weil der Motor nicht anspringen »will«. Solch kindisches Verhalten im Umgang mit Sachen sieht man allenfalls bei Kindern nach, wenn diese mit Spielzeug ungeschickt hantieren und dafür das Spielzeug »bestrafen«.

Wie aber sieht es mit unserer Sachlichkeit durchschnittlich aus, wo es sich nicht um Natur, sondern um Menschen oder um von Menschen gemachte Verhältnisse handelt? Haben wir hier ebenfalls schon gelernt, unseren Ärger und Wutausbruch durch die ruhige Frage nach dem Fehler zu ersetzen? Man könnte natürlich einwenden, es handle sich ja im Bereich menschlicher Beziehungen *tatsächlich* um individuelle Geister oder Willenszentren, die einander bewußt entgegentreten, so daß wir Schwierigkeiten, die uns ein anderer bereitet, mit gutem Grund auf dessen unfreund-

liche Absicht zurückführen dürfen und uns mit Recht dagegen
zur Wehr setzen, indem wir ärgerlich werden und es ihm zeigen.
Nehmen wir jedoch wieder Beispiele zuhilfe: Wie ist es zu erklären, daß in vierzehn Südstaaten der USA zwischen 1882 und 1930
die Menge der jährlichen Baumwollernte pro Morgen ziemlich
genau mit der Zahl der Lynchmorde an Schwarzen schwankte?
Wenn die Ernte gut war, ging die Zahl der Fälle von Lynchjustiz
zurück; fiel sie schlecht aus, nahm das Lynchen an Häufigkeit zu.
Ob wohl die umgebrachten Neger die Regen- und Sonnen-
scheinmenge in diesen Staaten reguliert haben? (5) – Oder: die
Antisemiten haben immer wieder behauptet, die wirtschaftlichen
Krisenerscheinungen in der Welt und die politische Unsicherheit
hänge ursächlich mit dem unheilvollen Wirken der Juden zusammen, die sich gegen ihre sogenannten Wirtsvölker verschworen hätten und deren Untergang betrieben. In Deutschland ist die
Zahl der Juden jedoch von ungefähr 500 000 Personen vor dem
Dritten Reich auf weit unter 100 000 Personen nach 1945 zu-
rückgegangen. Haben wir nun keine Rezessionen mehr, keine
Arbeitslosen, keine sogenannten »Linksintellektuellen«? Beispiele aus dem persönlichen Bereich ließen sich ebenso leicht an-
führen. Da ist der Ehemann, der seine chronische Magen-
schleimhautentzündung auf den täglichen Ärger mit seinem
unleidlichen Vorgesetzten zurückführt, und der nach seiner Ver-
setzung oder gar Beförderung dennoch ein Magengeschwür bekommt; oder denken wir an den verärgerten Vater, der einen beruflichen Mißerfolg erlitten hat oder sich über die Frau ärgert –
und dann bei Tisch plötzlich auf den fünfjährigen Sohn ein-
schlägt, weil dieser nach einmaliger Ermahnung nicht stillsitzen
will. Eine Personalisierung liegt wohl auch bei dem Ehemann
vor, der sehr spät aus dem Wirtshaus nach Hause kommt; die
Uhr schlägt gerade elfmal – und er geht hin und haut sie in Stücke.
Als die Ehefrau daraufhin ironisch-spitz fragt, warum er denn
auf die Uhr einschlage, antwortet er, diese habe ja *zuerst* geschla-
gen.

    Die unsachliche Haltung, wie wir das Personalisieren von
Schwierigkeiten auch nennen können, liegt den Menschen wahrscheinlich deshalb so nahe, weil damit jedesmal die Erleichterung
verbunden ist, zu wissen, was man zu tun hat – nämlich sich zu
wehren – und sich gleichzeitig nicht als Unterlegener fühlen zu
müssen, sondern als gleichwertiger, ernstzunehmender Gegner

dazustehen. Um glaubhaft in die Rolle dessen schlüpfen zu dürfen, der sich gegen boshafte Angriffe zur Wehr setzt, müssen wir lediglich auftauchende Schwierigkeiten auf die boshafte Absicht bestimmter anderer Personen zurückführen. Wir können beispielsweise behaupten, wir hätten den Zug oder den wichtigen Termin nur deshalb versäumt, weil die Frau wieder einmal das Bad zu lange besetzt gehalten, oder weil sie wieder einmal das Frühstück nicht zum verlangten Zeitpunkt fertig gehabt habe. – Dem Kellner erklären wir ärgerlich, es sei wohl kein Zufall, daß er gerade *unser* Essen wesentlich später bringe als den Herrschaften am Nachbartisch, obwohl wir viel früher bestellt hätten. Auf der Speisekarte aber ist extra vermerkt, daß Grillgerichte, die *wir* bestellt haben, ca. 20 Minuten dauern. In Wirtschaft und Politik ist die Haltung der Sachlichkeit auch noch nicht durchweg verbreitet. Denken wir nur an die leidige Diskussion darüber, ob für die Inflationsrate die Lohnforderungen der Gewerkschaften oder die Preiserhöhungen der Industrie und des Handels verantwortlich sind.

Was also ist erforderlich? Darf man bei realistischer Einschätzung des Problems »Ärger über den Mitmenschen« erwarten oder erhoffen, daß die Menschen allmählich lernen werden, ihre gegenseitigen Beziehungen ähnlich ruhig und vernünftig einzurichten, wie sie es in ihrem Verhältnis zur Natur bereits ein gutes Stück weit geschafft haben? Daß sie Schwierigkeiten im Umgang mit anderen unter dem Gesichtspunkt einer kniffligen *Aufgabe* betrachten und behandeln, statt böse Absichten bei den anderen zu argwöhnen? Gegenüber der *Natur* ist dieses Verhältnis möglich geworden, weil zunächst einige wenige im 16., 17. Jahrhundert begonnen haben, ohne unmittelbare Lebensnotwendigkeit und deshalb relativ angstfrei zu erforschen, welche Kräfte hier aufeinander einwirken und wie wir uns deren Energie nutzbar machen könnten. Was das Verhältnis der Menschen untereinander anbetrifft, so stehen wir aber seit der Wende zu unserem Jahrhundert in einem ähnlichen Neubeginn und haben einen nicht weniger dramatischen Erkenntnisfortschritt zu verzeichnen als seinerzeit im Rahmen der Naturerkenntnis. Hier wie dort hatten die Menschen über Jahrhunderte auf Schwierigkeiten und Hindernisse mit roher Gewalt und blindwütiger Drohung reagiert, ohne den »Feind« jemals so recht treffen zu können. In der Behandlung von und im Umgang mit Menschen wirkte sich diese vorwissenschaftliche Haltung stets als Gewalt aus, die dem Schwächeren vom Stärkeren angetan wurde. Das galt und gilt für die Behandlung der Gemütskranken ebenso wie für die Kindererziehung, in der der unaufgeklärte, ungeschulte Erzieher die Widerständigkeit des überforderten oder mißverstandenen Kindes stets als Trotz und bösen Willen interpretierte und entsprechend darauf reagierte. Erst die Tiefenpsychologie, wie sie von Sigmund Freud in Gestalt der Psychoanalyse entworfen worden und seither von Menschenkennern wie Alfred Adler, Karen Horney, Erich Fromm, Harry St. Sullivan und anderen weiterentwickelt worden ist, hat die Erkenntnisse bereitgestellt, die einen humaneren, »sachlicheren« Umgang mit den Problemen der menschlichen Beziehungen und der menschlichen Verständigung möglich machen. Mit diesem psychologischen Wissen befinden wir uns allerdings heute in einem ähnlichen Stadium, wie es für den Bereich der Naturwissenschaften in den Frühphasen der technisch-industriellen Entwicklung gegeben war: eine Reihe neuartiger und revolutionärer Erkenntnisse liegt im Prinzip vor, der Nutzen daraus wird aber der Allgemeinheit erst nach und nach in dem Maße zugänglich, wie diese Erkenntnisse in Form einer industriell organisierten Massenproduktion in Praxis umgesetzt werden. Die kapitalistische Entwicklung auf der Basis neuer Naturerkenntnisse hat über hundert Jahre Anlaufzeit benötigt; als dann aber im vorigen Jahrhundert ihre Dynamik breiter ins Bewußtsein trat, hat man mit Recht von einer »industriellen Revolution« zu sprechen begonnen. Für das Verhältnis der Menschen untereinander scheint sich heute etwas ganz ähnliches abzuzeichnen: man kann durchaus sagen, daß wir uns seit drei, vier Jahrzehnten in einer »Bildungsrevolution« befinden, in deren Verlauf neue, diesmal auf den Menschen bezogene Erkenntnisse ihre technische Umsetzung in produktivere Lernmethoden erfahren. Tiefenpsychologische Ausbildung als Massenverfahren und daraus fließende Verhaltensmöglichkeiten – die Bedeutung dieses Vorgangs ist daran zu messen, daß sich der tägliche Ärger über die Mitmenschen heute noch in Form psychosomatischer Erkrankungen mit Milliardenbeträgen in unserer Volkswirtschaft als Kostenbelastung auswirkt, desgleichen ist ein großer Teil der kriminellen Handlungen (mit ihren Folgekosten) als Ausfluß unaufgeklärtärgerlicher Umgangsformen in den Herkunftsfamilien der Straftäter zu betrachten, ganz zu schweigen von den Werten, die durch Kriege täglich vernichtet werden (6).

Was kann nun die Tiefenpsychologie – als psychotherapeutische Praxis und als tiefenpsychologisch geschulte Pädagogik – bei der Beseitigung des Ärgers leisten? Schauen wir uns wieder Beispiele an: Viele Ehen beginnen damit, daß sich zwei Menschen ineinander verlieben und irgendwann voll guter Absichten heiraten; nach wenigen Jahren bereits haben sich die beiden Beteiligten häufig derart zerstritten und auseinandergelebt, daß jeder den anderen nur noch als Last, Einschränkung seiner Freiheit und Quelle vielfältigen täglichen Ärgers erlebt. Jeder der Partner hatte sich in der Zeit des Verliebtseins ein bestimmtes Bild von dem anderen aufgebaut, das nur leider hochgradig von eigenen unbewußten Wünschen, Forderungen und Erwartungen durchsetzt war, die der geliebte andere auf keinen Fall erfüllen konnte und *kann*. Der Sohn einer verwöhnenden Mutter hatte sich etwa vorgestellt, seine künftige Frau werde ihn in ganz gleicher Weise verhätscheln, umsorgen, immer für ihn da sein, nie Ansprüche an ihn stellen wie seine Mutter und dazu sogar noch sexuelle Annehmlichkeiten bieten. Die junge Frau wiederum sah in dem Geliebten vielleicht Züge ihres Vaters oder älteren Bruders verkörpert und erwartete deshalb, auch von ihrem Ehemann beschützt, finanziell versorgt, mit Geschenken überrascht, von unangenehmen Forderungen weitgehend verschont zu werden und natürlich vor allen anderen Frauen bevorzugt zu werden. Die im Verlauf der Ehe realistischer werdende gegenseitige Wahrnehmung der beiden wird von ihnen als ein Prozeß fortlaufender Enttäuschung erlebt – der andere »entlarvt« sich mehr und mehr. Der enttäuschte Ehemann beginnt vielleicht, sich auf Parties für andere Frauen zu interessieren; die enttäuschte Ehefrau ›revanchiert‹ sich in sexueller Hinsicht durch Gefühlskälte (Frigidität); die Gespräche der beiden nehmen mehr und mehr die Form gegenseitiger Beschuldigungen an, man wirft sich vielerlei Versäumnisse vor und jeder fühlt sich dabei vollkommen im Recht, weil er den anderen nicht an den Möglichkeiten und Fähigkeiten mißt, die dieser wirklich besitzt, sondern ihn mit dem höchst unrealistischen Idealbild vergleicht, das er sich als Verliebter von ihm gemacht hat. Der Psychotherapeut steht hier im Gespräch mit den beiden vor der schwierigen Aufgabe, die wechselseitigen Mißverständnisse als Ausfluß unrealistischer Vorstellungen beiden Beteiligten erkennbar zu machen und die ungerechtfertigten Personalisierungen abzubauen, die jeder benutzt, wenn er das Verhalten des anderen als bewußt gezielte Boshaftigkeit interpretiert und sich darüber ärgert. Die Folge dieser Bemühungen kann sein, daß eine solche zerstrittene Ehe sich auflöst, weil die Beteiligten die Unverträglichkeit ihrer wirklichen Charaktere richtig einzuschätzen lernen; häufiger jedoch ist der Fall, daß die realistischere Wahrnehmung des anderen ein besseres Verständnis seiner Schwierigkeiten und Begrenzungen ermöglicht und dadurch ein erfreulicheres, besonneneres Zusammenleben die Folge ist. Gesellschaftlich weit wichtiger als die zerstrittenen Ehen, so schmerzlich diese für die Beteiligten auch sein mögen, sind die von Ärger durchsetzten Beziehungen vieler Erzieher zu ihrem Kind. Was hier als schlechte Anlage des Kindes, als Trotz und böser Wille, als Mutwilligkeit und so weiter persönlich genommen und dem Kind strafend heimgezahlt wird, geht fast immer auf das Unverständnis des ahnungslosen Erziehers für die Wünsche, Möglichkeiten und Grenzen des Kindes zurück; und oft kommen noch unbewußte Idealbilder ins Spiel, die sich eine Mutter oder ein Vater von ihrem Kind machen und nun mit hartnäckigem Druck in die Wirklichkeit umzusetzen suchen. Da gibt es den Vater, der sein langgehegtes Berufsziel nicht erreicht hat und nun den Wunsch hat, der Sohn möchte das ihm mißglückte Unternehmen stellvertretend bewältigen, möglichst mit Glanz und Gloria. Oder eine Mutter ist von ihrer Ehe enttäuscht und mißbraucht den Sohn als eine Art »Partnerersatz« (H. E. RICH-TER). Was sie im Verhältnis zu ihrem Ehemann nicht bekommt, soll ihr der Sohn ersetzen: liebevolle Zuwendung, volle Verfügbarkeit, restlose Offenheit, geduldiges Anhören ihrer Klagen über den überaus ärgerlichen Ehemann und Vater (7). Die Beispiele hierzu ließen sich leicht vermehren, der gemeinsame Nenner ist in den meisten Fällen, daß das Kind sich gegen die ihm uneinsichtigen Erwartungen der Erwachsenen auf seine Weise zur Wehr setzt, indem es nein sagt. Dies kann offen geschehen, so daß die Eltern von dem »Trotz« des Kindes sprechen, den es beizeiten zu »brechen« gilt; das Kind kann aber auch, wenn der elterliche Druck und die Einschüchterung zu stark werden, auf indirekte Weise »nein« sagen, etwa indem es schlechte Schulleistungen präsentiert oder kränkelt.

Tiefenpsychologische Bildungs- und Ausbildungsarbeit steht

in allen ihren Anwendungsbereichen stets vor der Aufgabe, die zwischenmenschliche und soziale Wahrnehmungsfähigkeit ihrer Klienten zu verbessern. Wir machen uns alle täglich falsche Vorstellungen über das, was die Menschen unseres Umgangs tatsächlich wollen und was sie mit uns vorhaben. Das gilt für den Zustand der Verliebtheit in gewissen Graden, es gilt aber besonders für unseren täglichen Ärger, selbst in den Fällen, in denen uns jemand tatsächlich mit Worten beleidigt oder durch sein Benehmen verletzt und dies auch will. Unser Ärger gewinnt hier nur deshalb den Schein der Berechtigung, weil wir nicht gelernt haben zu berücksichtigen, daß der andere sich in »seiner« Situation eingeklemmt fühlt, und weil wir versäumen zu fragen, inwieweit wir selbst zu diesem Gefühl der Unfreiheit auf seiten des anderen beigetragen haben. Daraus folgt wiederum, daß die tiefenpsychologische Aufklärungsarbeit niemals nur unsere Wahrnehmungsfähigkeit *anderer* Menschen betreffen kann, sondern in gleichem Maße auch eine Erweiterung unserer Selbsterkenntnis anstreben muß. Am Beispiel des mühsamen Geschäfts der Kindererziehung gesagt: solange sich Eltern und Lehrer nicht über ihre eigenen unbewußten Wünsche, Bedürfnisse und Vorstellungen in bezug auf das Kind klargeworden sind – und dieser Lernprozeß kann immer nur mit Hilfe des geschulten Fachmannes vorankommen (8) –, solange ärgern sie sich zu *Unrecht* über die widerborstigen Reaktionen ihres Kindes oder ihrer Schüler, denn ihre eigene Hälfte der Beziehung zum Kind bleibt ohne genügende Selbsterkenntnis ständig abgedunkelt.

In dem DEMBO-Experiment, das oben geschildert wurde, gab es einige Versuchspersonen, die nicht ärgerlich wurden, trotzdem sie die gestellten Aufgaben ebensowenig lösen konnten wie alle anderen. Sie konnten – auch angesichts der Unlösbarkeit der gestellten Aufgaben – sachlich bleiben, weil sie offenbar fähig waren, ihr eigenes Nicht-Können, ihr »Versagen« als objektiven Tatbestand festzustellen und innerlich zu akzeptieren. Nachdem sie diese Überzeugung gewonnen hatten, setzten sie sich hin und warteten geduldig ab, bis der Versuchsleiter sie aus dem Raum entließ. Wie läßt sich dieses Verhalten erklären? Zunächst einmal kann es als Beleg dafür genommen werden, daß Ärger als Reaktion auf ausweglose Situationen nicht zwangsläufig eintreten muß. Es gibt Menschen, die angesichts einer Schwierigkeit, mit der sie nicht fertigwerden, nicht von dem Wunsch überfallen werden, irgend jemanden an den Hals zu gehen oder ihm wenigstens das Meublement kurz und kleinzuschlagen. Es gibt allerdings genügend Mitmenschen, die angesichts eines Mißerfolgs zwar nicht ärgerlich gegenüber *anderen* werden, die aber insgeheim auf *sich selbst* »einprügeln« und kein gutes Haar an sich lassen. Hier haben wir es mit einem Charaktertyp zu tun, der in der Fachliteratur als depressiv bezeichnet wird. Er reagiert seinen Ärger an sich selbst ab und ist in manchen Fällen sogar selbstmordgefährdet. Wir hätten also drei Reaktionsweisen im täglichen Leben vor uns: Menschen, die über andere ärgerlich werden, wenn etwas schiefgeht oder nicht wie gewünscht funktioniert; Menschen, die sich im gleichen Fall über sich selbst ärgern; und schließlich Menschen – leider sind es nur wenige –, die angesichts von Mißgeschicken ruhig und sachlich bleiben und eine lernende Haltung einnehmen. Sie suchen nach dem Fehler, um ihn das nächste Mal zu vermeiden. Der Psychologe ROSENZWEIG hat diese drei Verhaltensmuster 1934 experimentell aufgedeckt und sie als extrapunitiven, intropunitiven und impunitiven Typus bezeichnet (9). Wörtlich genommen heißt dies, daß der extrapunitive und der intropunitive Typ dazu neigen, andere oder sich selbst für erlittene Fehlschläge zu *bestrafen.* Bestrafung aber ist ein zwischenmenschlicher Vorgang, der sich in unseren Gesellschaften vor allem in zwei sozialen Bereichen abspielt: im Umgang von Erziehern mit ihren Zöglingen (Eltern mit Kindern, Lehrern mit Schülern) und im Verhältnis von Justizwesen und Rechtsbrechern. Wenn wir diese Beobachtung mit der tiefenpsychologischen Grundkenntnis in Zusammenhang bringen, daß der Charakter der Menschen, d. h. ihre gewohnheitsmäßigen Reaktionsweisen nicht angeboren sind, sondern sich im Verlauf von Kindheit und Jugend durch Lernprozesse herausbilden und verfestigen, so ist damit die Richtung angedeutet, in der wir die Antwort auf unsere Frage suchen müßten, warum manche Menschen auf Mißerfolge mit Strafhandlungen gegen andere oder gegen sich selbst reagieren, einige wenige aber von derartigen Reaktionen frei sind und eine Haltung ruhiger Sachlichkeit durchzuhalten vermögen. Es muß offenbar die Art des »Verkehrs« zwischen den erzieherischen Autoritätspersonen (Machtinhaber) und den von ihnen Abhängigen (Machtunterworfene) zur Folge haben, daß auf der Seite des Abhängigen sich der extrapunitive, intropunitive oder aber impunitive Reaktionstyp herausbildet. Wir werden diesem Zusammenhang im dritten Kapitel nachgehen.

Kommen wir noch ein letztes Mal auf das DEMBO-Experiment zurück. Die Versuchspersonen wurden hier vor eine unlösbare Aufgabe gestellt. Der Versuchsleiter wußte das, für die Versuchspersonen aber war dieser Umstand nicht ohne weiteres ersichtlich, ja sie wurden sogar vom Versuchsleiter darüber belehrt, daß eine Lösung der gestellten Aufgabe möglich sei. Im Alltagsleben liegen die Verhältnisse keineswegs immer so klar. Von den Aufgaben, die wir hier vor uns haben, lösen wir manche leicht und ganz selbstverständlich; andere bereiten uns einige Schwierigkeiten und zu ihrer Lösung bedarf es verstärkter Bemühungen, aber am Ende haben wir es doch geschafft; und nur selten gibt es Anforderungen, denen gegenüber unsere Kräfte, unser Wissen und unsere Geschicklichkeit versagen, und wir reagieren dann darauf je nach Charakter und Laune. Wenn nun eine Aufgabe sich zunächst als unlösbar erweist, dann kann dies an der Unzulänglichkeit unserer Mittel liegen, es kann aber auch sein, daß wir unser Ziel so hoch angesetzt haben, daß wir es auch unter günstigeren persönlichen Voraussetzungen nicht erreichen könnten. Bei Menschen, die sich leicht ärgern, haben wir oft beides vor uns: sie setzen sich ehrgeizige Ziele und verfügen über unzureichende Mittel der Problemlösung. In einer Ehe kann dies so aussehen, daß zum Beispiel der Mann von seiner Frau ein Maß an liebevoller Verwöhnung und mütterlicher Geborgenheit erwartet, wie es wohl auch ein Team aus fünf oder sechs Frauen ihm nicht zu erbringen vermöchte. Ebenso kann aber sein Ärger über die Unzulänglichkeiten seiner ehelichen Hälfte damit zusammenhängen, daß er ihr nicht in Worten deutlich und verständlich sagt, was ihn stört und wo sie sich bitte ändern sollte. In vielen Ehen und vielen Familien wird erstaunlich wenig miteinander gesprochen, außer über banale Alltäglichkeiten, über das Auto, den Sport oder das Wetter. Die meisten anderen Mitteilungen erfolgen auf dem Weg über Gesten und Mimik oder mit Hilfe der Körpersprache (»Organdialekt« bei ADLER). Es wird geschmollt, schlechte Laune gezeigt, stummes Leiden zur Schau getragen oder auch durch einen Herzanfall oder den »sauren« Magen mitgeteilt, daß die anderen mehr Rücksicht nehmen sollen, oder daß sie einem auf dem Magen liegen.

Die Sprache ist jedoch im Umgang mit anderen Menschen das

einzige technische Hilfsmittel, das uns den erstrebten Zielen auf sachlichem Wege näherbringen kann. Wo wir die Bedienung und Benutzung dieses Instruments unzulänglich gelernt und eingeübt haben, da sind wir in den einfachsten Angelegenheiten des täglichen Zusammenlebens schnell am Ende unseres Lateins – und retten uns aus dem Gefühl der Hilflosigkeit, indem wir uns in den Ärger flüchten. Häufig genug ist dieser Behelf sogar wirksam. Vor dem Vorgesetzten, der seine gefährliche »Geladenheit« durch Gesten und Tonfall zu erkennen gibt, machen sich die Mitarbeiter so schnell wie möglich aus dem Staub – und er bleibt als Sieger allein zurück. Das gleiche erreicht ein Vater, der wütend nach dem Rohrstock verlangt oder drohend die Augenbrauen hochzieht: eins, zwei, drei – hat er das Problem gelöst oder jedenfalls vom Halse. Und im politischen Stammtischgespräch gilt dasselbe: je nach politischer Einstellung und Zusammensetzung der Diskussionsrunde droht der Ärgerliche dem Andersdenkenden, er mache wohl mit den Kommunisten gemeinsame Sache oder, anders herum, er sei wohl ein Konterrevolutionär – und schon ist er obenauf, hat er den Widerspruch zum Verstummen gebracht.

Menschen, die sich leicht ärgern und häufig Gebrauch davon machen, verdienen im Prinzip unser volles Mitgefühl. Sie leiden meist an heftigem Ehrgeiz, neigen zur Ungeduld, sind im Grunde sehr liebebedürftig, hegen ein tiefes Mißtrauen gegenüber Leuten, die gut reden und sich ausdrücken können; und trotz aller einschüchternden Wirkung, die von ihnen ausgeht, fehlt es ihnen an Mut, nämlich am Mut zur Unvollkommenheit. Dieses Mitgefühl bringen wir freilich dort leichter auf, wo wir von dem Ärger eines Mitmenschen nicht selbst betroffen sind, oder wo wir uns stark genug fühlen, dem Ärgerlichen unseren eigenen Ärger entgegenzusetzen. Anders sieht es dort aus, wo wir etwa einen Vater oder eine Mutter beobachten, die sich durch ihre überlegene Position dem Kind gegenüber dazu verleiten lassen, auftretende Schwierigkeiten im Umgang mit dem Schwächeren mit Hilfe des gezeigten oder auch handgreiflich gemachten Ärgers zu »bearbeiten«. Das durch den Ärger des Erwachsenen sprachlos gemachte Kind übt auf diese Weise oft genug die Rolle des Untertanen ein, der auch im späteren Leben nach der Devise lebt: »Gehe nie zu Deinem Fürst, wenn Du nicht gerufen wirst!«

Der Konformismus vieler erwachsener Zeitgenossen mit seinen schlimmen politischen Gefahren ist das <u>Produkt einer Erziehung</u>, in der das Kind gelernt hat, den ärgerlichen Angriffen der ›Obrigkeit‹ durch Gehorsam und freiwillige Unterwerfung nach Möglichkeit aus dem Weg zu gehen (11). Der Zusammenhang von Konformismus und Aggression verdient deshalb eine genauere Betrachtung.

Anmerkungen

1 Tamara Dembo, Der Ärger als dynamisches Problem, in: *Psych. Forschung*, Bd. 15, Berlin 1931, S. 1–144.

2 Vgl. J. Rattner, Dynamik des Hasses, in: ders., *Der schwierige Mitmensch*, Olten 1970, S. 96 f.

3 Siehe 3. Kapitel: *Kinder unter uns.*

4 Vgl. Max Scheler, Wesen und Formen der Sympathie, *Ges. Werke* Bd. 7, Bern 1973, S. 94 f.

5 Dollard, Doob u. a., Frustration und Aggression, Weinheim 1970, S. 40.

6 Kriege sind sicherlich nicht ausreichend erklärt, wenn man sie als Folge wechselseitigen Ärgers der kriegführenden Parteien auffassen wollte. In der kriegsvorbereitenden Propaganda allerdings wird der künftige Gegner meist als Ärgernis hingestellt und dadurch als Personalisierungs-Objekt angeboten.

7 H.-E. Richter hat die neurosefördernden elterlichen Rollenerwartungen gegenüber dem Kind zu typischen Fällen gruppiert: Eltern – Kind – Neurose, 1963, ro ro ro ratgeber 6082/83.

8 Schon Alfred Adler hat darauf hingewiesen, daß ein Mensch seinen Charakter nicht aus eigener Kraft und Einsicht zu ändern vermag, sondern die Hilfe des geschulten Psychologen benötigt: *Über den nervösen Charakter*, Darmstadt 1969, S. 19.

9 S. Rosenzweig, Types of Reaction to Frustration: A Heuristic Classification, in: *Journ. abn. soc. Psychol.*, 1934, 29, S. 298–300.

10 J. P. Sartre bemerkt 1939, daß der Ärger – und auch andere Gefühlsregungen, wie zum Beispiel das Weinen – stets ein Mittel darstellt, »um eine Schwierigkeit zu umgehen, eine Sonderform des Ausweichens, ein spezielles Gaunerstück«: Entwurf einer Theorie der Emotionen, in: ders., *Die Transzendenz des Ego*, Reinbek 1964, Rowohlt-Pb. 40.

11 Vgl. Wolfgang Metzger, Demokratie in der Kinderstube, in: *Gesellschaft – Staat – Erziehung*, 16. Jg., H. 4, 1971, S. 199 ff.

2. Konformismus und Aggression

Die Sozialwissenschaften, soweit sie ihrem Selbstverständnis nach naturwissenschaftlich exakt zu arbeiten versuchen, haben sich dem Problem der menschlichen Aggressivität erst vor dreißig, vierzig Jahren zugewandt. Die Anfänge wurden vor allem in den Vereinigten Staaten gemacht; in deutschen Lehrbüchern ist Aggression als Begriff und als Problem auch heute noch verhältnismäßig schwach vertreten, obwohl es im Sprachgebrauch durchaus etabliert ist. In dem zehnbändigen *Handwörterbuch der Sozialwissenschaften*, das seit 1956 erschienen ist, fehlt ein Stichwortartikel über Aggression gänzlich. HOFSTÄTTERS *Einführung in die Sozialpsychologie*, 1966 in 4. Auflage erschienen, nennt den Begriff nicht einmal im Sachregister, und ebenso sucht man unter dem Begriff Krieg vergeblich nach einer Seitenangabe. In dem *Wörterbuch der Soziologie*, das WILHELM BERNSDORF 1969 in neuer Bearbeitung herausgegeben hat, findet man unter Aggression immerhin den Hinweis auf einen Artikel über *Tiefenpsychologie und Soziologie*, der auf einer knappen Seite über das sozialpathologische Phänomen der Aggression Auskunft gibt. Der Verweis des Themas Aggression an die Tiefenpsychologie ist dabei historisch korrekt, weil in der Tat die außerhalb des offiziellen Wissenschaftsbetriebes entstandene Psychoanalyse FREUDS und auch die Individualpsychologie ALFRED ADLERS sich des Gegenstandes zuerst angenommen und die späteren sozialpsychologischen Untersuchungen in erheblichem Maße angeregt haben.

Für die nach dem Leitbild exakter Naturwissenschaft arbeitenden Sozialwissenschaften ist die Beschäftigung mit dem Aggressionsproblem knifflig, weil es unmöglich ist, eine Verhaltensklasse Aggression zu definieren, *ohne* dabei eine entsprechende Absicht des Angreifers in die Formulierung aufzunehmen. FERDINAND MERZ (1965) hat das Scheitern aller rein objektivistischen Definitionsversuche nachgewiesen, und die Studie über Frustration und Aggression, über die gleich noch zu sprechen sein wird, geht sogar ausdrücklich davon aus, daß die bloß *zufällige* Verletzung einer Person durch eine andere *nicht* als Aggression gelten soll, eben weil sie nicht zielstrebig erfolgt.

Aggressives Verhalten, durch das ein einzelner oder eine Gruppe von Menschen versucht, andere Personen körperlich oder seelisch zu verletzen – z. B. auch, indem Sachen beschädigt werden, die anderen nützlich oder sonstwie teuer sind –, aggressives Verhalten dieser Art hat sich bisher weder durch Experiment, noch durch Beobachtung auf Ursachen zurückführen lassen, die bei allen Menschen einheitlich und in vorhersagbarer Weise aggressive Reaktionen auslösen, so daß man von einem instinktiv festgelegten Reflexbogen sprechen dürfte. Werden Menschen am Erreichen eines vorgesetzten Ziels durch irgendwelche Widerstände gehindert, so *kann* ein Wutanfall und eine Attacke die Antwort sein, ebenso finden sich aber Versuche, eine auftauchende Schwierigkeit in besonnener Weise zu analysieren und gleichsam zu überlisten, oder aber – wo dies möglich ist –, sich mit einem Ersatz für die eigentlich angestrebte Befriedigung zufrieden zu geben.

Wenn es aber nicht gelingt, menschliche Aggression kausalmechanisch auf bestimmte auslösende Faktoren zurückzuführen, dann gerinnt die Beschäftigung mit diesem Problem anscheinend zu einer moralischen Frage. Es drängt sich der Verdacht auf, der Mensch sei angesichts eines Widerstandes frei in seiner Entscheidung, entweder eine rationale Problemlösung anzustreben oder nach einem Ersatzziel Ausschau zu halten oder aber: aggressiv zu werden. Wählt er die aggressive Reaktion, so trüge er in der Konsequenz eines solchen Verdachts die volle Verantwortung für sein Verhalten, das heißt aber, er machte sich schuldig in einer Kultur, die die offene Aggression verbietet, den Angreifer moralisch verurteilt und nur für den Fall der Notwehr Ausnahmen zuläßt. Unter dem Druck dieses Verbots ist es denn auch üblich, daß einzelne ebenso wie Nationen die von ihnen begangenen Akte der Aggression entweder äußeren Umständen anlasten, die nicht in ihrer Verantwortung liegen, oder aber die Opfer ihrer Angriffe als den eigentlichen Angreifer hinstellen, so daß sie eine Notwehrsituation für sich geltend machen können.

Wir finden eine derartige Entlastungsstrategie schon in den Hypothesen vor, die SIGMUND FREUD im ersten Drittel unseres Jahrhunderts über den Charakter der Eltern-Kind-Beziehung formuliert hat. FREUD hat klar gesehen, daß bei der kulturell durchschnittlichen Erziehung von seiten der Eltern ein beträchtliches Maß an Strafhandlungen vorkommt, durch die sich das

Kind verletzt fühlen soll, und die demnach den Charakter der Aggression an sich haben. Er war jedoch der Meinung, daß die Eltern sich hierbei in der Rolle des Verteidigers befinden, weil das Kind aus seiner Triebnatur heraus feindselig-asoziale Bestrebungen entwickle, die vom Haß kaum zu unterscheiden seien (1915, 229). Bevor der Mensch die Reife des »genitalen Charakters« erreicht, sind seine Bemühungen nach Freuds Ansicht entweder darauf gerichtet, sich die erreichbaren Objekte der Außenwelt »einzuverleiben« und so deren eigenständige Existenz zu beseitigen, oder sie gehen auf die Überwältigung und Bemächtigung von Objekten aus und nehmen die Schädigung oder Vernichtung derselben gleichgültig in Kauf. Die Eltern führen ihren Abwehrkampf gegen diese Bestrebungen des Kindes im Dienste der Kultur (1915, 78 f.), sie errichten – gleichsam wie die Bewohner von Halligen – psychische Dämme gegen eine allesverschlingende, alles-zerstörende Flut kindlicher Triebhaftigkeit. – Gegen den Zweifel, ob denn diese Deutung kindlicher Lebhaftigkeit und die daraus gezogenen pädagogischen Konsequenzen nicht auf eine Vergewaltigung des Beobachtungsmaterials und damit des Kindes hinauslaufen, hält Freud die Versicherung bereit, ein ungestörtes Gewährenlassen des Kindes bringe für dieses in späteren Jahren nur Unlustempfindungen mit sich, das Kind selber verlange deshalb nach den Maßnahmen des Erziehers, durch die in ihm die psychischen Dämme des Ekels, der Scham und der Moral aufgerichtet werden; mit anderen Worten, das Kind selbst verlange nach der züchtigenden Rute, den Eltern komme lediglich die Funktion eines ausführenden Organs innerhalb eines Kultivierungsprozesses zu, der durch naturgegebene Kräfte vorangetrieben werde.

Als Freud sich unter dem Eindruck des Ersten Weltkrieges vor die Aufgabe gestellt sieht, die wahnhaft ausbrechende Aggressivität ganzer Bevölkerungen psychologisch zu verstehen, um auf diese Weise Ansatzpunkte einer wirksamen Gegenwehr herauszufinden, greift er auf seine Hypothese der angeborenen, feindselig-asozialen Natur des Menschen zurück, wie er sie an der Eltern-Kind-Beziehung entwickelt hat. Er spricht von den Völkern als von Individuen und hält es für offensichtlich, daß Völker-Individuen ganz ähnlich wie der einzelne Mensch auf »prägenitalen« Stufen ihres Entwicklungsprozesses stehenbleiben oder wieder auf sie zurückfallen können. Wie er im Kind den kleinen Wilden entdeckt hatte, so findet FREUD nunmehr in den wildgewordenen Bevölkerungen einen hypothetischen Urmenschen lebendig, ein leidenschaftliches Wesen, grausamer und bösartiger als andere Tiere, weil nicht mit der sonst üblichen Tötungshemmung gegenüber Artgenossen ausgestattet. Wer es nur recht verstehe, im Unterbewußtsein seiner Mitmenschen zu lesen wie in einem offenen Buch, der wird sich eingestehen müssen, daß wir allesamt eine Rotte von Mördern sind, daß der Haß gegen andere und der Wunsch, sie zu vernichten, unserer Triebnatur viel stärker zu eigen sind als die liebevollen Gefühle für den Mitmenschen (1915b, 343 ff., 354). Liebe stellt für FREUD auch und gerade in ihren schönsten Entfaltungen eine Reaktionsbildung dar gegen den feindseligen Impuls, den wir in unserer Brust noch gegen die uns nächsten und teuersten Personen spüren. Die Einführung eines gegen ihn selbst wütenden Todestriebes im Menschen, die FREUD 1920 vornimmt, ergänzt dann seine psychologischen Konstruktionen lediglich um die Einsicht, daß ein Mensch auch mit sich selbst nicht in Frieden lebe, wenn er die anderen zuerst und vor allem als Feinde wahrnimmt.

Die Mittel, die FREUD in der Konsequenz seiner Analyse zur Eindämmung der kollektiven Feindseligkeit zwischen den Völkern und Nationen ins Auge faßt, entsprechen wiederum den erzieherischen Faktoren, die er bei der Kultivierung des Kindes für notwendig und wirksam hält: Autorität und Strenge. In seinem Briefwechsel mit ALBERT EINSTEIN zu Beginn der dreißiger Jahre nimmt er wenig Notiz von der Überzeugung EINSTEINs, daß die Bevölkerungen in einem Krieg immer nur zu verlieren haben und deshalb ihre politisch-militärische Aufstachelung bis zur Raserei und Selbstvernichtung weniger auf eigenen inneren Antrieb als auf den verderblichen Einfluß der Institutionen Schule, Presse und Kirche zurückzuführen sei, die sich mit der Minderheit der Herrschenden verbunden fühlen. Im Vorgriff auf KONRAD LORENZ (1963) stellt FREUD (1933) demgegenüber fest, daß Interessenkonflikte zwischen den Menschen prinzipiell durch die Anwendung von Gewalt entschieden werden. So sei es im ganzen Tierreich, von dem der Mensch sich seines Erachtens nicht ausschließen sollte. Eine sichere Verhütung von Kriegen scheint ihm nur denkbar, wenn es gelänge, die kindhafte Asozialität der Völker durch eine Zentralgewalt in Schach zu halten, deren Machtvollkommenheit und Strafmöglichkeiten denen der Eltern gegenüber dem Kind gleichkämen. Dem möglichen Einwand, daß das diktatorische Regiment einer kleinen Machtelite über die übrige Menschheit diese zugleich entmündigen würde, hält FREUD die Ansicht entgegen, es gebe zwischen den Menschen ohnehin eine »angeborene und nicht zu beseitigende Ungleichheit«, durch die sie auf natürliche Weise in »Führer und Abhängige« zerfallen. Im Widerspruch zu dieser Behauptung gesteht er allerdings sogleich ein, daß die führenden Völker sich wohl kaum freiwillig in die Abhängigkeit von einer solchen erdumspannenden Zentralgewalt begeben werden. Der Versuch andererseits, die Welt auf gewaltsamem Weg zu einigen und zu befrieden, verbietet sich in seinen Augen von selbst aufgrund der damit verbundenen Wahrscheinlichkeit verheerender Großkriege. So bleibt FREUD am Ende nur die resignierte Hoffnung übrig, daß die weitere Entwicklung der Waffentechnik die Menschen eines Tages vor dem Anzetteln neuer Kriege wird zurückschrecken lassen, ein Gedanke, der im Kern bereits die ganze Strategie atomarer Abschreckung und eines »Gleichgewichts des Schreckens« enthält.

Es ist leicht zu erkennen, daß die Überlegungen FREUDS in sich logisch sind, solange man ihre Voraussetzungen anerkennt. Gäbe es tatsächlich im Menschen als Naturwesen einen Trieb, der auf die Selbstzerstörung des Individuums hinarbeitet und dessen tödliche Wirkung nur durch die List aufzuheben wäre, daß er auf äußere Ziele abgelenkt wird, so bliebe uns in der Tat nur übrig, für die gegen Dritte gerichtete Feindseligkeit der Menschen möglichst harmlose und gesellschaftlich kontrollierte Formen zu finden, wie etwa den Sport, den Wettlauf zu anderen Gestirnen oder die modische Extravaganz. Derartige Empfehlungen sind nach FREUD immer wieder ausgesprochen worden. Der bekannteste Vertreter dieses Konzepts dürfte inzwischen KONRAD LORENZ geworden sein (vgl. PLACK 1974). Wo jedoch der zu überlistende Trieb sich einer solchen Institutionalisierung entzieht und mit Hilfe der fortschreitenden Waffentechnik die Welt näher an die endgültige Katastrophe herantreibt, könnte dies die psychologische Konstruktion FREUDS dennoch nicht der Unwahrheit überführen: der Todestrieb hätte mit der kollektiven Selbstvernichtung der Menschen ja nur sein ursprüngliches Ziel auf dem Umweg über die Außenwelt erreicht.

FREUDS Annahme eines Todestriebes, der den Menschen nur die

Wahl läßt zwischen Selbstzerstörung und der Zerstörung anderer, ist jedoch selbst im Kreise der Psychoanalytiker bald auf Widerspruch gestoßen. In einer Übersicht aus dem Jahr 1953 hat Rudolf Brun erkennbar gemacht, daß neben einigen durchaus positiven Stimmen – S. Férenczi und S. Bernfeld etwa – die differenzierenden oder eindeutig ablehnenden Stellungnahmen deutlich überwiegen; unter diesen Autoren wie Wilhelm Reich, Theodor Reik und Karen Horney. Brun als Biologe bestreitet ganz entschieden, daß es in der Natur irgendwo Hinweise gibt, die für ein aktives Streben zum Tode durch lebende Organismen sprechen können. Der Selbstmord als ein rein menschliches Phänomen läßt zwar Zielstrebigkeit erkennen, jedoch bietet seine statistische Seltenheit unter den Todesursachen für eine diesbezügliche *Trieb*hypothese wenig Bestätigung. – Die gegen andere sich äußernde Aggressivität aber erschließt sich dem psychologischen Verständnis weitaus besser, wenn sie als Ausdruck des Willens zum Leben gedeutet wird. Sie tritt nach Bruns Darstellung auf, wenn dem gefühlten Bedürfnis eines Menschen der Weg zur Befriedigung verbaut scheint. Das empfundene Bedürfnis muß dabei nicht immer nur ein sexuelles sein, auch der enttäuschte Nahrungstrieb oder der Schmerz vermögen die aggressive Reaktion auf den Plan zu rufen.

Schon im Jahre 1908 hat Alfred Adler eine Erklärung der menschlichen Aggressivität entworfen, die der von Brun sehr nahekommt. Adler sprach damals zwar ebenso wie Freud von einem »Aggressions*trieb*«, was er später bedauernd korrigierte, aber er bezeichnete diesen »Trieb« ausdrücklich als *sekundär* gegenüber den anderen organisch gespeisten Bedürfnissen des Menschen. Erst wenn diesen primären Bedürfnissen äußere Verbote oder Hindernisse in den Weg gestellt sind, nimmt das Verhalten der Menschen aggressiven Charakter an und müht sich zielstrebig ab, das Hindernis zu beseitigen oder das Verbot zu umgehen. Adler sprach deshalb von der Aggression als einem »Trieb zur Erkämpfung einer Befriedigung« und betonte, daß dieser »Trieb« keiner besonderen Körperregion zugeordnet ist, sondern dem seelischen »Gesamtüberbau« angehört. Der Aggressionstrieb stellt in der Sicht Adlers ein die primären Triebe verbindendes psychisches Feld dar, das zu einer »höheren Betriebsweise« angeregt wird, wenn die normale Aktivität des Organismus auf unerwünschte Hindernisse stößt. Der Versuch, diesen theoretischen Ansatz naturwissenschaftlich exakt zu fassen und möglichst in eine experimentell überprüfbare Form zu bringen, liegt dann 1939 mit der Studie über »Frustration und Aggression« vor. Sie ist von einer Forschergruppe der Yale-University in New Haven, USA – DOLLARD/DOOB/MILLER/MOWRER/SEARS –, verfaßt worden und geht von dem Begriff der Frustration verfaßt worden und geht von dem Begriff der Frustration als dem aggressionsauslösenden Faktor aus (Dollard u. a. 1970). Frustriert wird ein Mensch, wenn er enttäuscht wird, von jemandem im Stich gelassen, wenn ihm durch einen anderen Schmerz bereitet oder er durch andere an freier Bestätigung gehindert wird. MILLER (1941) hat später die Frustrations-Aggressions-Hypothese dahingehend präzisiert, daß die Menschen auf frustrierende Erlebnisse nicht gesetzmäßig mit einer Aggression antworten *müssen*, denn auch problemlösendes Verhalten oder die Suche nach einer Ersatzbefriedigung kann als Folge einer Frustration beobachtet werden. Umgekehrt aber gilt für die Yale-Gruppe die Regel, daß sich Akte der Aggression stets auf vorangegangene Frustrationserlebnisse der feindselig Handelnden zurückführen lassen.

Bei dem Bemühen, Frustrationen als Motiv für verschiedene Arten der Aggression und in verschiedenen gesellschaftlichen Bereichen nachzuweisen, werden die Yale-Forscher jedoch schnell auf die Tatsache aufmerksam, daß die ungleiche Machtverteilung zwischen den Menschen und Menschengruppen einen bedeutsamen Einfluß auf die Art und die Richtung der vorkommenden Aggressionshandlungen hat. Wenn FREUD bemerkte, daß die Menschen in Führer und Abhängige zerfallen, so zeigt die Yale-Gruppe jetzt auf, daß die aggressive Reaktion gegen eine frustrierende Instanz sich für den Frustrierten verbietet, wenn diese Instanz ein »Führer«, d. h. machtüberlegen ist, und der Frustrierte irgendwie von ihr abhängt. Der Überlegene kann nämlich die aggressive Reaktion einer durch ihn frustrierten Person mit einer ungleich größeren Aggression *bestrafen* und den frustrierten Angreifer dadurch zum doppelten Verlierer machen. Die von FREUD entwickelte Vorstellung einer möglichen *Verschiebung* seelischer Energien von einem Zielobjekt auf ein anderes wird an dieser Stelle für die Autoren der Frustrations-Aggressions-Studie zum methodischen Schlüssel, um all jene Aggressionsphänomene dem Verständnis zu erschließen, bei de-

nen das angegriffene Objekt *nicht* zugleich die Quelle vorausgegangener Frustration für den Angreifer war. Es wird sogar deutlich, daß die vorkommenden Aggressionshandlungen in unseren
Gesellschaften ganz überwiegend ziel*verschoben* sind, und zwar
in Richtung auf macht*unter*legene Personen oder Personengrup-
pen, während der direkte Angriff gegen eine macht*über*legene
Frustrationsquelle äußerst selten auftritt.

Im Blick auf das durchschnittliche Erziehungsschicksal des
Kindes und des Heranwachsenden in der westlichen Kultur
stellen die Yale-Forscher ebenso wie vor ihnen FREUD heraus,
daß das Kind einer Fülle von Strafhandlungen durch die Eltern
und sonstigen Erziehungspersonen ausgesetzt ist, d. h., es wird
fortgesetzt frustriert. Zugleich aber ist das Verhältnis von Eltern
und Kind durch ein extremes Macht*un*gleichgewicht zugunsten
der Eltern gekennzeichnet, so daß die Chancen einer erfolgreichen Aggression vom Kind her praktisch gleich null sind. Reagiert das Kind auf eine Frustration durch den Erwachsenen aggressiv, so wird diese Aggression für gewöhnlich durch die
verschärfte Strafhandlung des Erwachsenen geahndet. Das Kind
verarbeitet diesen sich wiederholenden Vorgang allmählich zu
der Information, daß wohl der Machtüberlegene, nicht aber der
Schwächere das Mittel der Aggression zur Durchsetzung seines
Willens verwenden darf. Es erlebt, daß in frustrierenden Situationen seine aggressive Reaktion mit einer noch größeren Frustration beantwortet wird, die seine aggressive Gestimmtheit
nochmals verstärkt; zugleich aber ist ihr der Weg zur offenen, direkten Äußerung versperrt: ohnmächtige Wut, blindwütiger
Haß werden sein Gemüt soundso oft durchtoben und sich in vielen Fällen zu einer heimtückischen Rachsucht verfestigen, die
den Charakter des lauernden Ressentiments an sich hat. Diese
über ein Jahrzehnt und länger hingestreckten Erfahrungen lassen
schließlich die Menschen vor dem Blick des Betroffenen in
Feinde und Opfer zerfallen, in solche, mit denen man fertig werden kann, und in andere, vor denen man besser auf der Hut ist.
Es hängt dann von den Zufälligkeiten der individuellen Lebens-
geschichte ab, ob der Herangewachsene eher die Rolle einer stra-
fenden Autorität anstrebt und die Menschen mit seinem Haß
verfolgt, oder ob er sein Heil in der Flucht sucht und sich vor
der Welt und den Menschen in mancherlei Einsamkeiten zu-
rückzieht.

Das hier beschriebene Erziehungsschicksal ist natürlich extrem, wenn man die breite Mehrheit der Bevölkerungen vor Augen hat. Die systematisierte Feindseligkeit der paranoiden Persönlichkeit, oder die einsame Verzweiflung des schizophrenen Patienten bilden aufs Ganze gesehen das Schicksal einer kleinen Minderheit. Wir sind jedoch seit SIGMUND FREUD darüber belehrt, daß die verschiedenen Formen der seelischen Irritation keine Qualitäten darstellen, die den Kranken radikal vom Gesunden unterscheiden, sondern daß der Vergleich verschiedener Charaktere ein ganzes Spektrum gradueller Abstufungen zutage fördert. Sadomasochistische Verhaltensmuster sind in der durchschnittlichen Erziehung außerordentlich verbreitet; die erzieherischen Autoritäten wachen meist eifersüchtig darüber, daß ihre Überlegenheitsposition gegenüber dem Abhängigen gewahrt bleibt. Was ERICH FROMM (1955) den autoritären »Sozialcharakter« unserer westlichen Gesellschaften genannt hat, ist für die meisten von uns nur deshalb so schwer wahrzunehmen, weil die Äußerungsweisen dieser Persönlichkeitsstruktur so alltäglich und verbreitet sind. In einer Studie über Erziehungsgewohnheiten haben SEARS, MACCOBY und LEVIN (1957) aufgezeigt, daß auch eine weitgehende *Laissez-faire-Erziehung*, bei der die Eltern »bewußt« auf erzieherische, besonders auf strafende Einflußnahmen verzichten, das Autoritätsproblem noch nicht aus der Welt schafft. Das Machtprinzip und die es schützende Aggression verschwinden aus den Beziehungen zwischen Eltern und Kind nicht schon dadurch, daß die Eltern das Kind im Sinne einer *permissive education* so weit wie möglich gewähren lassen und masochistisch-lammfromm versuchen, die Frustrationen zu ertragen, wie sie sich aus der Ungebärdigkeit und Zügellosigkeit derart sich selbst überlassener Kinder zwangsläufig ergeben. Bei einem solchen Spiel mit vertauschten Rollen sind es lediglich die *Eltern*, die ihre Frustrationen auf indirektem Wege, in verkleideter Form aggressiv abreagieren, wenn sie nicht in Abständen *doch* aus der Rolle fallen und dem Kind die wirklichen Machtverhältnisse aufdecken. Aber die Kinder lernen aggressive Formen der Frustrationsverarbeitung nicht nur aus der Beziehung zu den Eltern, sondern lernen voneinander und imitieren ebenso in der Spiel- und Klassengemeinschaft wie im Umgang mit anderen Erwachsenen.

Die Autoren der Frustrations-Aggressions-Studie gingen übrigens davon aus, daß der Erziehungsprozeß für alle Kinder mit quasi-naturgesetzlicher Unausweichlichkeit frustrierend verlaufen *müsse*, weil – so ihre Begründung – das Erlernen jeweils neuer Verhaltensmuster die Aufgabe älterer, früher erworbener Fertigkeiten erfordere. Beim Abstillen zum Beispiel müsse das Kind lernen, auf die Mutterbrust zu verzichten und mit der Flasche zurechtzukommen, was in ihren Augen keinesfalls ohne Frustration möglich sei. Man mag dies mit Fug und Recht bezweifeln, denn der Augenschein lehrt viel eher, daß das gesunde, noch nicht entmutigte Kind mit ganzer Kraft dahin strebt, seine Leistungsmöglichkeiten allseitig zu erweitern und dem als Vorbild empfundenen Erwachsenen gleich zu werden. Erst die Praxis der Erzieher, das Kind für Ungeschicklichkeiten oder Leistungsschwächen zu bestrafen, bringt die Frustration ins Spiel. Die verschiedenen Strafgewohnheiten und Strafrituale jedoch haben mit Naturgesetzlichkeit nichts zu tun, sie sind das uralte Erbe einer Kultur, die im Umgang mit dem Kind noch nichts besseres gelernt hat, und auch vom Umgang der Erwachsenen untereinander her wenig neuartige Anregungen bietet. Jenseits der Schwelle von der Kindheit und Jugend zum Erwachsenenalter sind die Menschen sich untereinander erst recht Konkurrenz und feindselige Neider, und so gegenseitig Quelle vielfältiger Frustrationen. Die Psychoanalytikerin Karen Horney (1937) hat deshalb *diesen* Zusammenhang in seiner Einwirkung auf die innerfamiliären Umgangsformen als Hauptursache kindlicher Frustrationen namhaft gemacht.

Sieht man jedoch von der fragwürdigen anthropologischen Voraussetzung der Yale-Forscher ab, so liefert die Frustrations-Aggressions-Hypothese (zusammen mit dem Prinzip der Aggressions-Verschiebung in machtungleichen Sozialbeziehungen) interessante Erklärungen, zum Beispiel für das Aufkommen der aggressiven nationalsozialistischen Ideologie in Deutschland. Eine Reihe vorausgegangener kollektiver Frustrationserlebnisse der Deutschen sind relativ leicht zu identifizieren: die erschöpfenden Anstrengungen des Ersten Weltkriegs, die Niederlage, die formelle Bestätigung dieser Niederlage in Versailles. Deutschland mußte die Kolonien und Teile des eigenen Territoriums aufgeben, die Flotte wurde entschädigungslos beschlagnahmt, die Armee erheblich reduziert. Der Krieg hatte viele Millionen dem Verhungern nahegebracht, viele militärische

Karrieren wurden zerstört. In den an das Kriegsende anschließenden Jahren der Inflation verlor besonders die Mittelklasse mit ihren Ersparnissen auch das Gefühl der persönlichen Sicherheit. Ohne wirtschaftliche Erholung nach der Inflation von 1923 wurde Deutschland dann ab 1929 von der schweren Weltwirtschaftskrise mitbetroffen, auf deren Höhepunkt sechs Millionen Menschen arbeitslos waren. – Auf diese gehäuften Frustrationen breiter Schichten der Bevölkerung gab es – wie bei frustrierten Einzelpersonen ebenfalls – unterschiedliche Reaktionen. Während man sich fragen kann, ob die Programme der Sozialdemokraten (und in Grenzen auch der Kommunisten) eigentlich aggressive Reaktionsangebote darstellten (insofern sie sich gegen die bestehende Gesellschaftsordnung und deren Repräsentanten richteten) oder aber konstruktiv-sachliche Lösungsmöglichkeiten der politisch-wirtschaftlichen Misere anboten (insofern sie Formen einer effektiveren, krisensicheren Zusammenarbeit der gesellschaftlichen Gruppen anvisierten) –, stellte die nationalsozialistische Ideologie ganz sicherlich ein Sortiment *verschobener* Aggressionsziele dar. Denn die wirklichen Frustrationsquellen der Massen, die deutsche Oberschicht und die Alliierten blieben hier als Gegenstand möglicher Volkswut weitgehend ausgespart. Die angebotenen Ersatzziele waren aber gerade für die Angehörigen jener autoritär erzogenen Mittelschichten anziehend, für die eine direkte Aufsässigkeit gegen altverehrte Autoritäten undenkbar war, und die sich mit einer sozialistischen oder gar kommunistischen Wählerschaft aus Gründen eines festgehaltenen Standesdünkels nicht solidarisieren mochten. Obwohl sie eigentlich von der alten Gesellschaftsordnung in ihre mißliche Situation gebracht worden waren, hingen sie dieser dennoch weiterhin an und ließen ihren frustrationsbedingten Unmut lieber auf Sündenböcke lenken, die über ein geringes Straf- und Vergeltungspotential verfügten. Die Nazis wüteten zum Beispiel in ihrer Propaganda gegen die Weimarer Republik, die – aus der Sicht der deutschen Oberschicht und derer, die sehnsüchtig zu ihr aufschauten – keinen ausreichenden Widerstand gegen die Revolutionsbestrebungen entwickelt hatte; sie wüteten aus der gleichen Perspektive gegen die Sowjetunion als das ärgerliche internationale Symbol eines proletarischen Staates; gegen die Auswirkungen des Versailler Vertrages, die als fortdauernde Demütigung empfunden wurden;

gegen die Juden als eine innere Gruppe von Sündenböcken. Nach der Machtergreifung wurden von diesen ins Auge gefaßten Aggressionsvorhaben die für die Oberschicht ungefährlichsten sogleich in die Tat umgesetzt: die Vernichtung der Republik und ihrer Anhänger, und der organisierte Pogrom gegen die Juden.

Die Frustrations-Aggressions-Hypothese ist seit ihrer Formulierung im Jahre 1939 weiter verfeinert und zum Teil modifiziert worden (LAWSON 1965). Voraussagen läßt sich mit ihrer Hilfe nach wie vor nicht, ob Menschen auf eine Frustration mit einer aggressiven Verhaltensweise reagieren werden oder andere Möglichkeiten der Reaktion finden. Als gesichert gilt lediglich, daß das Verhalten einer Person nach einem Frustrationserlebnis eine gewisse Antriebssteigerung erkennen läßt, womit wir wieder bei der »höheren Betriebsweise« des seelischen Apparats angelangt sind, die ALFRED ADLER schon vor dem Ersten Weltkrieg notiert hat. Die Frustrations-Aggressions-Theorie bedarf aber noch in einer weiteren Hinsicht der Verdeutlichung. Wir fragen uns, welches Verhalten eigentlich frustrierte Personen gegenüber einer Frustrationsquelle an den Tag legen, die sie als machtüberlegen erkennen und demnach nicht anzugreifen wagen. Lassen wir einmal beiseite, daß der durch seinen Vorgesetzten gedemütigte Angestellte vielleicht abends zuhause seine Frau und seine Kinder schikaniert – wie aber verhält er sich gegenüber dem Vorgesetzten? Die Antwort ist nicht schwer zu finden: er bleibt freundlich, er gibt sich dienstbeflissen, er reagiert wie das Kind, das sich den Kampf gegen die überlegene Autorität der Eltern nicht zutraut, und schlägt den Weg in Richtung Unterwerfung und Gehorsam ein. Er ist Konformist. Es ist schließlich üblich, daß Eltern aufgrund ihres »Erfahrungs-Vorsprungs« (»Werde Du erst einmal so alt wie Dein Vater!«) von ihren Kindern die willige Entgegennahme ihrer Anweisungen erheischen, und es ist leider noch immer sehr verbreitet, daß man ärgerliche Anordnungen der Firmenleitung heimlich fluchend hinnimmt, statt das eigene Interesse gelassen zur Sprache zu bringen. Noch immer gilt die Devise als lebenspraktisch, daß es besser sei, sich unauffällig durchzulavieren und bei »denen da oben« nicht unangenehm aufzufallen – ihr Zorn sei fürchterlich und ihrem Gedächtnis entfalle nichts.

Dieser Konformismus – als in unserer Kultur sehr verbreiteter »Sozialcharakter« (FROMM) – hängt allerdings mit dem Phänomen der zwischenmenschlichen Aggressivität ursächlich zusammen. Der Autoritätsgehorsam beruht auf der Angst des Kindes vor den überlegenen Strafmöglichkeiten der elterlichen Autoritäten, und sie dauert fort in der Angst des Erwachsenen vor den gesellschaftlichen Autoritäten, die das Erbe der Eltern antreten. Mag auch die zielverschobene Feindseligkeit gegen alles Schwache bei derart aufgewachsenen Menschen beträchtlich sein, im Verkehr mit der Obrigkeit (und was sie dafür halten) sind sie anpasserisch, unterwürfig, versuchen sie nicht anzuecken, die Autorität nicht zu reizen. Wer sie zum Widerstand gegen die Autorität aufruft, darf mit ihrem angsterfüllten Haß rechnen, weil ihnen Konflikte mit der Obrigkeit von vornherein als verloren gelten. Die unzähligen Kriege der menschlichen Geschichte – nach einer Statistik der Norwegischen Akademie der Wissenschaften wurden zwischen 3600 v. Chr. und 1960 n. Chr. 14 513 Kriege geführt, d. h. in 5560 Jahren jährlich 2,61! (FR 13. 10. 1972) – müssen wir deshalb gar nicht auf rasende Kriegsbegeisterung und wütende Angriffslust der Massen zurückführen, wie dies die Frustrations-Aggressions-Hypothese zunächst nahelegen würde. Statt vorschnell Erkenntnisse, die am einzelnen Menschen gewonnen werden können, auf gesellschaftliche Kollektive anzuwenden, müssen wir bei einer Erklärung der masochistischen Willigkeit, mit der die Menschen sich in den eigenen Tod schicken lassen, eine längere Kausalverbindung annehmen, und den blinden Gehorsam der Massen als eine Folge der aggressiven Erziehungsgewohnheiten erkennen, mit deren Hilfe machtorientierte Eltern durch körperliche Gewalt oder subtilen Liebesentzug dafür sorgen, daß sie »die Lage jederzeit in der Hand behalten«.

Der Sozialpsychologe OTTO KLINEBERG (1964, 26 f.) hat darauf aufmerksam gemacht, daß bei der Art der modernen Kriegführung nur ein schmaler Prozentsatz der an den Kriegshandlungen Beteiligten überhaupt in der Lage wäre, eine vorhandene aggressive Gestimmtheit direkt auszuleben. Es gibt Schätzungen, wonach im Zweiten Weltkrieg für jeden aktiv kämpfenden Mann mehr als zehn Personen *hinter* der Front tätig sein mußten. Andere Untersuchungen (TOCH 1969), die sich mit der Persönlichkeitsstruktur von Gewalttätern befassen, berichten, daß sich derartige Charaktere beim Militär noch am ehesten in freiwilligen Spezialeinheiten finden lassen, die für Sabotagezwecke oder gezielte Terroraktionen eingesetzt werden. In den übrigen Bereichen der Militärmaschine übt der einzelne Soldat seine zerstörerische Tätigkeit vor allem aus, weil er von früh auf gelernt hat, den Anordnungen der Autorität fraglos zu gehorchen. Die bei seiner Tätigkeit abfallende Befriedigung liegt für ihn zuvorderst in dem Gefühl der erfüllten Pflicht, während die gemeinschaftliche Vernichtung des definierten Feindes im Bewußtsein der Beteiligten nur eine untergeordnete Bedeutung hat. Die *New York Times* druckte 1968 das Bordprotokoll eines Bombers ab, der seine verderbenbringende Last auf vorbestimmte Ziele in Nordvietnam abzuwerfen hatte. Daran läßt sich ablesen, daß die ausführende Mannschaft irgendeinen personal faßbaren Gegner überhaupt nicht mehr zu Gesicht bekommt, und auch die Auswirkungen ihres Tuns unmittelbar nicht beobachten kann (TOCH 1969). Das Werk der Zerstörung gleicht im Hinblick auf die subjektiv zu erlebenden Faktoren mehr und mehr der gleichförmigen Routine des industriellen Arbeitsalltags, und selbst der Vorgang des Tötens verliert den Charakter des Ungewöhnlichen: amerikanische Kinderärzte haben berechnet, daß Kinder in den USA mit 14 Jahren bereits 18000 mal auf dem Bildschirm die Tötung eines Menschen mitangesehen haben (*Die Zeit* 22. 10. 1971).

Der durch die strafende Autorität eingeschüchterte Mensch ist seelisch nicht darauf vorbereitet, den Anweisungen der Autorität ein entschiedenes NEIN entgegenzusetzen, auch wenn die ihm abverlangten Leistungen den unschuldigen Nachbarn ins Verderben stürzen. Er entledigt sich des befohlenen Verbrechens möglichst unauffällig, macht sich klein dabei, schimpft vielleicht vor den Betroffenen auf »die da oben«, die ihm so etwas zumuten. Ist er mit der Tötung und Vernichtung von Menschen betraut, so macht er sich seine mörderische Pflicht erträglich durch den Glauben, die Opfer hätten auch gar nichts besseres verdient, sie seien eigentlich nicht recht Mensch, denn Menschsein heißt für ihn: stark sein und obenauf. Er weiß schließlich aus eigener Erfahrung, wie wenig man in der Position des Schwächeren Mensch ist, wie wenig da unten an Würde und Selbstachtung übrig bleibt. – Wir sollten uns von derartigen Gefühlsregungen nicht vorschnell innerlich distanzieren und meinen, sie gehörten allein zur Psychologie des großen Verbrechers. HANNAH ARENDT (1964) hat anläßlich des *Eichmann-Prozesses* in Jerusalem mit gutem Grund von der *Banalität* des Bösen gesprochen, und die Experimente des Amerikaners Stanley Milgram (1963, 66) über die Bedingungen des Autoritätsgehorsams und seiner Verweigerung informieren darüber, daß von einem willkürlichen Querschnitt der amerikanischen Bevölkerung das Verbrechen auf Befehl nur von jedem Dritten verweigert wird, daß jeder Zehnte die Bereitschaft zeigt, verbrecherische Befehle auch ohne unmittelbare Beaufsichtigung durch die anordnende Instanz gewissenhaft weiter auszuführen. Wir können uns da nach Blitzkrieg und Verbrennungsofen nicht besser dünken, und sollten vorsichtig sein mit der Antwort auf die Frage, wieviele von uns Mut nach der richtigen Seite aufbringen würden, wenn der Staat wieder riefe und reguläre Möglichkeiten der Verweigerung verbaut wären. Der Psychotherapeut Josef Rattner (1970) hat in einer breitangelegten Studie des Aggressionsproblems zusammengestellt, wie die Erziehung im Elternhaus und in der Schule, wie religiöse Beeinflussung und staatliche Strafjustiz bei der Dressur zur Asozialität zusammenwirken. Fast keiner von uns sollte allzu sicher sein, daß er von diesen mächtigen Agenturen unserer Kultur unbeeindruckt geblieben ist.

Wo aber liegen die Auswege aus dieser Situation, wie läßt sich der Übermacht begegnen? Als erstes liegt sicherlich der Gedanke nahe, den Widerstandsgeist und den Kampfesmut all jener Menschen und Menschengruppen zu stärken, die als irgendwie Abhängige von einer Übermacht an der freien Betätigung und Verwirklichung ihrer menschlichen Möglichkeiten gehindert, die also frustriert werden. Und zwar käme es darauf an, sie gegen ihre *wirklichen* Unterdrücker zu mobilisieren und zu verhindern, daß politische Rattenfänger die in der gesellschaftspolitischen Analyse Ungeübten gegen aufgebauschte Sündenböcke ins Feld führen und damit die eigentlichen Frustrationsurheber aus der Gefahrenzone bringen. Politische Führung und politische *Ver*führung lassen sich umso sicherer unterscheiden, je offensichtlicher die Frustration durch einen *Angriff* auf die Frustrierten zustandekommt und die organisierte Führung der sich Wehrenden durch die Abwehr dieses Angriffs motiviert und gerechtfertigt ist. Als Beispiel aus der jüngsten Vergangenheit, das dieser Situation am nächsten kommt, mag der fast eine Generation während Kampf der Vietnamesen um ihre nationale Unabhängigkeit gelten. Die Verteidigung gegen einen Angreifer – die ihrerseits natürlich auch die Natur des Angriffs in sich enthält

– fällt in solchen Situationen mit dem zusammen, was die Autoren der Frustrations-Aggressions-Studie als »problemlösendes Verhalten« von der aggressiven Reaktion unterschieden hatten. Wird jemand durch einen Angriff frustriert, so ist die Verteidigung durch einen Gegenangriff als rationaler Versuch der Problemlösung zu betrachten. Diesen Gesichtspunkt hat z. B. HELMUT NOLTE (1971) im Auge, wenn er die weitere Demokratisierung unserer Gesellschaften davon abhängig macht, daß es zu einer gleichmäßigeren Verteilung der Fähigkeit und der Möglichkeit zu bewußt eingesetzter und bewußt kontrollierter Aggression kommt.

Ein zweiter Blick auf den dialektischen Prozeß von Frustration und darauf antwortender Aggression muß uns jedoch darüber belehren, daß wir uns mit einem solchen Lob der »gekonnten Aggression« nicht bescheiden können. Nicht jede Frustration individueller und kollektiver Art kommt nämlich durch eine gezielte Aggression anderer Menschen zustande und ist deshalb durch einen Gegenangriff rational und angemessen beantwortet. Die Zielstrebigkeit, die wir im Fall der Aggression durchgehend unterstellen, wird im Fall der Frustration oft erst von den Frustrierten hineingedichtet. Wir lachen, wenn jemand zu ungeschickt ist, ein technisches Gerät gekonnt zu bedienen und darüber wütend wird, als habe der Kasten es auf seine Demütigung angelegt; wir müssen aber sehen, daß die Strafhandlungen wütender Eltern soundso oft auf einem ähnlichen Mißverständnis beruhen. Wo ihr pädagogisches Ungeschick sie an der Aufgabe scheitern läßt, aus den Kindern die gewünschten Reaktionen hervorzulocken, da ist leicht die Überzeugung vom »bösen Willen« des Kindes zur Hand, oder es wird die »analsadistische Phase« verantwortlich gemacht, wenn die Mutter zufällig FREUD gelesen hat. – Auch auf der kollektiven Ebene wäre zu fragen, ob die massenhaften Aggressionshandlungen nicht vielfach Ausdruck des Unvermögens sind, mit den Problemen des menschlichen Zusammenlebens und Zusammenarbeitens in kompetenter Weise umzugehen. ABRAM KARDINER (1939, 59) hat auf diesen Charakter der menschlichen Aggression als einer Geste der Hilflosigkeit hingewiesen. Die Technik des menschlichen Zusammenlebens ist noch bei weitem nicht auf dem Stand der naturbearbeitenden Technologie. Vor den Sozialwissenschaften, vorab der Tiefenpsychologie und der auf ihr fußenden

Sozialpsychologie, liegt hier ein immenses Arbeitsgebiet. In mühseliger Kleinarbeit müssen die Felder der Elternberatung, der Lehrerausbildung, der sozialhelfenden Berufe, der politischen und wirtschaftlichen Führungsauswahl tiefenpsychologisch durchleuchtet und gruppendynamisch durchdrungen werden. Dabei befinden sich die Sozialwissenschaften gegenüber der Gesellschaft noch weitgehend in einem ähnlichen Zustand der Unbeholfenheit wie die meisten Eltern gegenüber ihren Kindern. Die Sozialwissenschaftler aller Richtungen werden deshalb selbstkritisch darauf zu achten haben, daß die frustrierende Langwierigkeit ihrer Aufgabe sie nicht zu Publikumsbeschimpfungen oder gar zu gezielten Strafhandlungen gegen die Gesellschaft verleitet, weil deren Schwerfälligkeit als Ausdruck »bösen Willens« *mißverstanden* und personalisiert wird. Es ist leichter, einen personal dingfest gemachten Gegner zu bekämpfen, als ein von Unwissenheit und Dummheit durchsetztes Problemfeld mit beharrlicher Geduld zu *bearbeiten*. Der Nachteil solch vordergründiger Erleichterung ist nur, daß eine aggressiv strafende Autorität – seien dies nun Eltern oder Wissenschaftler – bei den von ihr Abhängigen niemals die bewußt angestrebten Reaktionen zu bewirken vermag. Es ist deshalb lohnend, diesen Zusammenhang von feindseliger Erziehung, autoritärer Persönlichkeitsstruktur und Aufklärung näher ins Auge zu fassen.

Literatur

1 ADLER, ALFRED, Der Aggressionstrieb im Leben und in der Neurose, 1908. In: Heilen und Bilden, hrsg. v. ADLER und FURTMÜLLER 1913, 3. Aufl. München 1928, S. 33–41.

2 ARENDT, HANNAH, Eichmann in Jerusalem. Ein Bericht von der Banalität des Bösen. – München 1964.

3 BRUN, RUDOLF, Über Freuds Hypothese vom Todestrieb. Eine kritische Untersuchung. – In: *Psyche*, VII. Jg., 2. Heft, Mai 1953, S. 81–111.

4 DOLLARD, DOOB, MILLER, MOWRER, SEARS, Frustration and Aggression – New Haven 1939, deutsch: Frustration und Aggression, Weinheim/Berlin 1970.

5 MILLER, SEARS, MOWRER, DOOB, DOLLARD, The Frustration-Aggression-Hypothesis. – In: *Psychol. Rev.* 48, 1941, S. 337–342. – Deutsch: Die Frustrations-Aggressions-Hypothese. – In: THOMAE (Hrsg.), *Die Motivation menschlichen Handelns*, Köln/Berlin 1965, S. 205–209.

6 FREUD, SIGMUND, Drei Abhandlungen zur Sexualtheorie, 1905, in *GW* Bd. V, Frankfurt 1961.

7 *ders.*, Triebe und Triebschicksale, 1915, in *GW* Bd. X, Frankfurt 1969.

8 *ders.*, Zeitgemäßes über Krieg und Tod, 1915 b, in *GW* Bd. X, Frankfurt 1969.

9 *ders.*, Jenseits des Lustprinzips, 1920, in *GW* Bd. XIII, Frankfurt 1969.

10 *ders.*, Warum Krieg? – 1933, in *GW* Bd. XVI, Frankfurt 1968.

11 FROMM, ERICH, Anatomie der menschlichen Destruktivität, München 1974.

12 *Handwörterbuch der Sozialwissenschaften*, hrsg. von v. BECKERATH, L. v. WIESE u. a.; Göttingen 1956 ff.

13 HOFSTÄTTER, P. R., Einführung in die Sozialpsychologie, 4., neu bearb. Aufl., Stuttgart 1966.

14 HORNEY, KAREN, The Neurotic Personality of Our Time. – New York 1937. – Deutsch: Der neurotische Mensch unserer Zeit. – Stuttgart 1951 u. Kindler TB 2002.

15 KARDINER, ABRAM, The Individual and His Society. – 1939, 8. Aufl., New York/London 1965.

16 KLINEBERG, OTTO, Die menschliche Dimension in den internationalen Beziehungen. – 1964; deutsch: Bern/Stuttgart 1966.

17 LAWSON, REED, Frustration. – New York 1965.

18 LORENZ, KONRAD, Das sogenannte Böse. Zur Naturgeschichte der Aggression. – Wien 1963, 16. Aufl. 1965.

19 MERZ, FERDINAND, Aggression und Aggressionstrieb, im *Hb. d. Psych.*, Bd. 2, Göttingen 1965, S. 569–601.

20 MILGRAM, STANLEY, Behavioral Study of Obedience. – In: *Journ. Abnorm. and Soc. Psych.*, 67, 1963, S. 372–78.

21 *ders.*, Einige Bedingungen von Autoritätsgehorsam und seiner Verweigerung. – In: *Ztschr. f. exp. u. angew. Psych.*, 13, 1966, S. 433–463.

22 NOLTE, HELMUT, Über Aggression. – In: LEPENIES/NOLTE, *Kritik der Anthropologie*. – München 1971.

23 PLACK, ARNO (Hrsg.), Der Mythos vom Aggressionstrieb, 1974.

24 RATTNER, JOSEF, Aggression und menschliche Natur. – Olten 1970.

25 SEARS, MACCOBY, LEVIN, Patterns of Child Rearing. – New York/London 1957, bes. S. 218–270: Aggression.

26 TOCH, HANS, Violent Men. – Chicago 1969.

27 *Wörterbuch der Soziologie*, hrsg. v. W. BERNSDORF, 2., neu bearb. Ausg., Stuttgart 1969.

3. Kinder unter uns

Wie in der Medizin gilt auch für Soziologie und Psychologie die alte Wahrheit, daß Vorbeugen besser ist als Heilen. Wer beruflich mit den traurigen Ergebnissen mangelhafter Erziehungsprozesse zu tun hat, weiß aus eigener Erfahrung, wie vergeblich meist alle Rettungsversuche bleiben, wenn ein Kind in Hinsicht auf seine Persönlichkeitsentwicklung erst einmal ›in den Brunnen gefallen‹ ist. Gegenseitiges Unverständnis und Aggression, die praktisch in allen Fällen kindlicher Fehlentwicklungen zugrundeliegen, sind freilich nicht auf die Welt der Kinder beschränkt, sondern bilden den allgemeinen Wesenszug der sog. ›westlichen Zivilisation‹. Die überlieferte Geschichte ist leider bis in graue Vorzeit hinein eine Geschichte von Krieg und Gewalt, von Brudermord, Stammesfehde und Blutrache, von Völkerschlachten und Weltkriegen und von der systematischen Ausrottung ganzer Bevölkerungen. Nicht unwesentlich trägt zur Tradition des Kriegführens die Ansicht bei, daß es Kriege immer geben wird, weil es sie immer gegeben hat. Sogar kurz nach dem Ende des Zweiten Weltkriegs war dies z. B. die Meinung von über zwei Dritteln aller Amerikaner (1). Meist wird diese Annahme durch die Behauptung begründet, daß der Mensch *von Natur* aus (und damit *unabänderlich*) eine Neigung zu Haß und Gewalt in sich trage, die sich deshalb auch immer aufs Neue in Form von Kriegen und Verbrechen äußern werden. Eindämmung von kollektiver und individueller Gewalttätigkeit scheint aus dieser Perspektive allenfalls durch Abschreckungsmaßnahmen möglich, die freilich einer nie endenden Sisyphusarbeit gleichen müssen. Angesichts der fortschreitenden Entwicklung von Vernichtungswaffen und der zunehmenden Verletzlichkeit arbeitsteilig-hochorganisierter Industriegesellschaften ergibt sich daraus – selbst unter Einrechnung immer höherentwickelter Abschreckungssysteme – eine eher pessimistische Aussicht. Es wird schließlich denkbar, daß die gesellschaftliche Ordnung unter dem Ansturm des international organisierten Verbrechens völlig zusammenbricht, oder daß sogar die Menschheit als besondere Art von Lebewesen überhaupt ausgelöscht wird. Derartige Gedankengänge entbehren jedenfalls solange nicht der inneren Logik, wie die zugrundeliegende Annahme von der angeborenen Bösartigkeit der Menschennatur unangefochten bleibt.

Durch die tiefenpsychologischen Einsichten SIGMUND FREUDS, ALFRED ADLERS und anderer Pioniere der neuen Wissenschaft vom Menschen und durch die Forschungsergebnisse der modernen Kulturanthropologie hat sich das Bild der menschlichen Natur jedoch tiefgreifend gewandelt, ohne daß diese seit siebzig, achtzig Jahren gewonnenen Erkenntnisse bereits ins allgemeine Bewußtsein eingedrungen wären. Wo früher die Verhaltensweisen der Menschen auch von Wissenschaftlern auf ererbte Konstitution zurückgeführt wurden, wo die nicht nur körperlichen Ähnlichkeiten zwischen Eltern, Großeltern und Kindern mit blindwirkenden Vererbungsmechanismen erklärt wurden – da ersetzt heute der Gedanke an Lernprozesse die bisherigen Annahmen. So stoßen wir bei sozial ungeschickten oder gar feindseligen Persönlichkeiten regelmäßig auf gestörte oder abgebrochene Lernbemühungen in der Kindheit und Jugend; so erklären wir die Ähnlichkeiten zwischen Eltern und Kindern (abgesehen von rein körperlichen Merkmalen wie Haarfarbe, Nasenform etc.) nicht mehr mit dem bewußten Apfel, der nicht weit vom Stamm fällt, sondern wir sehen jeweils eine Familientradition am Werk, die bis in die Übernahme bestimmter psychosomatischer Krankheitsbilder hineinreicht. Aus der Sicht einer fortgeschrittenen Tiefenpsychologie gilt der Mensch heute als ein organisches System, das mit ganz wenigen angeborenen Reflexen zur Welt kommt, praktisch keine umweltspezifische Instinktausrüstung mitbringt – wenn wir nicht die Fähigkeit, sich zu ängstigen oder ärgerlich zu werden, als Instinktreste betrachten wollen (2) –, und das aufgrund seiner Gehirnstruktur in Verbindung mit seiner körperlichen Ausrüstung – vor allem der freigreifenden Hand – zu beinahe unerschöpflichen Lernleistungen fähig ist.

Die Lernprozesse des Menschen spielen sich zumindest anfangs immer in zwischenmenschlichen Situationen ab. Sie werden durch das Zusammenwirken des lernenden Teils mit anderen Personen in Gang gesetzt, gleichgültig, ob die als Lehrer oder Anreger fungierende Person sich dabei ihrer Rolle und Bedeutung für den lernenden Teil bewußt ist. – Wichtig zum Verständnis der menschlichen Lernprozesse ist auch die Feststellung, daß diese einen Anfang in der Zeit haben, daß sie nämlich spätestens kurz nach der Geburt beginnen. SIGMUND FREUD hat diese Erkenntnis aus den Berichten seiner ersten, überwiegend hysterischen Patientinnen gewonnen, die sich im Zusammenhang mit ihren Symptomen an weit zurückliegende, schreckhafte Erlebnisse sexuellen Inhalts erinnern wollten. FREUD bezeichnete die durch diese schreckhaften Erlebnisse verursachten seelischen Verletzungen als »Trauma« und vertrat die Ansicht, daß die späteren Schwierigkeiten der sozialen Anpassung und sozialen Leistungsfähigkeit seiner Patientinnen ursächlich auf diese traumatischen Erlebnisse zurückzuführen seien. Wenn wir nun auch heute der Meinung sind, daß nicht so sehr einzelne, außergewöhnliche Erlebnisse des Kindes, sondern eine lange Kette sich wiederholender, ähnlicher Erlebnisse in der Familie zu gewohnheitsmäßigen Ängsten und Abwehrmanövern verarbeitet werden, so ist doch in FREUDS Beobachtungen die fundamentale Einsicht enthalten, daß die jeweils früheren Erlebnisse des Menschen seine späteren Erfahrungen durch Erinnerung und daraus abgeleitete Erwartung grundlegend beeinflussen. Anders gesagt: Grundüberzeugungen, die in der Kindheit und Jugend einmal erworben wurden, sind im späteren Leben nur schwer zu erschüttern und zu korrigieren. Selbst wenn ein Mensch Erfahrungen gemacht und dementsprechend Gewohnheiten entwickelt hat, die sein berufliches Fortkommen oder sein privates Wohlbefinden immer wieder empfindlich beeinträchtigen, läuft er doch im erwachsenen Leben mit unbewußter Zielstrebigkeit »seinen Ohrfeigen nach«, wie ALFRED ADLER das ausgedrückt hat, und er ist aus eigener Kraft nicht imstande, den eigenen Beitrag zu seinen verschiedenen Mißgeschicken wahrzunehmen. Diese Hartnäckigkeit einmal entwickelter Charakterzüge ist lange Zeit der Erfahrungshintergrund gewesen, auf dem die Vorstellungen über angeborene und vererbte Charaktereigenschaften ihre Überzeugungskraft besaßen.

In praktisch allen Kulturen der Erde macht der Mensch seine frühesten Erfahrungen, durch die alle späteren richtunggebend beeinflußt werden, in der Familie, wie immer deren Größe und innere Struktur auch unterschiedlich sein mag. Familie – das ist im Kern ein verschiedengeschlechtliches Elternpaar und die von ihm ins Leben gesetzten Kinder. Deren Existenz hängt anfangs völlig von dem Zusammenwirken von Mutter und Kind ab sowie von der Kooperation zwischen den Ehepartnern, insofern die

Sicherung der materiellen Existenz der Familie und damit auch
die seelische Ausgeglichenheit der Mutter von der Zuarbeit des
Vaters abhängen (3). Die Familie bildet für die lernintensivsten
Lebensjahre des Menschen fast ausschließlich die erfahrbare soziale Umwelt, und die Vorgänge in dieser kleinen Welt bilden die
Urmodelle möglicher Erfahrung, durch die alle späteren Erlebnisse in charakteristischer Weise vorgetönt werden. Die Ereignisse der außerfamilialen Welt stoßen dem Kind anfangs nur auf
indirektem Weg zu, indem die Erfolge und die Enttäuschungen
der Eltern auf das Zusammenhandeln in der Familie befruchtend
oder entmutigend einwirken und in das Verhalten zum Kind ein-
fließen. Unter dem hier verfolgten Gesichtspunkt sind von den
in der Familie gemachten – und auch versäumten – Erfahrungen
des Kindes vor allem jene interessant, die in ihrer Auswirkung
auf das spätere Verhalten des Erwachsenen störende Beein-
trächtigungen des größeren gesellschaftlichen Lebenszusam-
menhanges erwarten lassen. Es sind dies vor allem Mängel der
›sozialen Intelligenz‹ (H. S. SULLIVAN) und aggressive Verhaltensweisen.

Wenn wir davon ausgehen, daß der Mensch als Neugeborener
fast unbegrenzt lernfähig ist, und daß seine Lernleistungen überwiegend in der Interaktion mit anderen Personen zustandekom-
men, so leuchtet ein, daß die Kultur des Elternhauses entscheidend ist für die Art und den Umfang der Lernreize, die das Kind
in den ersten wichtigen Lebensjahren empfängt. Armut oder
Reichtum des sprachlichen Ausdruckvermögens der Eltern,
Umfang und Differenziertheit der beruflichen und gesellschaftlichen Beziehungskreise der Eltern, ihre Unfähigkeit oder aber
Geschicklichkeit, die vielfältigen Aufgaben des Familienver-
bandes zu bewältigen, wie z. B. berufliches Fortkommen, Kin-
deraufzucht, erholsame und zugleich anregende Freizeitge-
staltung, Krankheitsfälle, vielleicht berufsbedingte Ortsverän-
derungen, wirtschaftliche und politische Krisenzeiten usw. – all
diese Faktoren wirken unvermeidlich auf das Kind ein. Und leider zeigen die soziologischen Untersuchungen dieses Feldes, daß
in der Bundesrepublik und in anderen westlichen Industrielän-
dern die entsprechenden Lern- und Lebenschancen der neuge-
borenen Kinder recht unterschiedlich sind, je nach der sozialen
Schicht, in die sie hineingeboren werden. Die Deutsche Gesellschaft für Soziologie hat 1968 eine Übersicht veröffentlicht, die

die Funktion und Bedeutung der Familie bei der Hereinführung des Kindes in die Lebenswelt der Erwachsenen beleuchtet (4). Im Hinblick auf die sozialen Schichtunterschiede hat der Soziologe FRIEDHELM NEIDHARDT darin (5) der bekannten These von der ›nivellierten Mittelstandsgesellschaft‹ widersprochen, die im Kern besagt, daß die westdeutsche Nachkriegsgesellschaft – bis auf eine dünne Oberschicht von ganz Reichen und eine ebenfalls dünne Unterschicht von sehr Armen – überwiegend durch eine weitgehende Annäherung der Einkommenshöhen und durch rechtliche Gleichstellung gekennzeichnet sei.

Wenn man die Bevölkerung der Bundesrepublik unter Gesichtspunkten wie gesellschaftliches Ansehen (Prestige), gesellschaftliche Einflußmöglichkeit (Macht) und wirtschaftliche Kraft (Einkommen und Besitz) vergleichend untersucht, dann erweist sich die These der »nivellierten Mittelstandsgesellschaft« als schöner Schein. Tatsächlich haben die Angehörigen der unteren Sozialschicht statistisch gesehen ein spürbar geringeres Ansehen: sie verdienen und besitzen deutlich weniger als die Angehörigen der Mittelschicht; und sie können auch ihre Interessen weitaus schlechter geltend machen. Die Angehörigen der Unterschichten verfügen über weniger einflußreiche »Beziehungen«, sie sind über das öffentliche Geschehen schlechter informiert, und sie können sich bei Behörden, Gerichten, Schulen aufgrund ihres geringen Wissens schlechter durchsetzen. Zur Unterschicht sind im Bereich städtischen Lebensraumes ungefähr 45% der westdeutschen Bevölkerung zu rechnen, rund 50% rangieren im Mittelschichtbereich. Die Oberschicht fällt bei unserem Vergleich nicht nur wenig ins Gewicht, weil ihr zahlenmäßiger Umfang gering ist, sondern weil auch wenig gesellschaftliche Vorbildwirkung – etwa durch typische Verhaltensgewohnheiten – von ihr ausgeht (6). Die bäuerliche Bevölkerung wiederum befindet sich in einem längerfristigen Wandlungsprozeß, der ihre Lebensweise und sozialstatistischen Merkmale allmählich dem städtischen Bevölkerungscharakter angleicht.

Wegen ihrer Wirkung auf die kindlichen Lernprozesse sind für uns vor allem die Unterschiede im sozial schichttypischen Verhalten interessant: Angehörige der Unterschicht reagieren im statistischen Vergleich mit Personen aus der Mittelschicht eher autoritär, sie neigen eher zum politischen Leitbild des »starken Mannes« als zu dem der parlamentarischen Demokratie, befürworten häufiger die Einführung der Todesstrafe, machen in Konfliktsituationen schneller »kurzen Prozeß«, folgen einem eher rauhen Männlichkeitsideal, zeigen direktere Umgangsformen und sprechen eine eher grobe, einfache und gefühlsnähere Sprache. In den Mittelschichten ist dagegen eine rechnerisch-planende Lebensführung auffällig, besonders in Hinblick auf den Bildungsbereich. Angehörige der Mittelschichten sind zu stärkeren Verzichten bereit, um längerfristige »Aufstiegsinvestitionen« zu finanzieren. In den Unterschichten dagegen geht die eher schwache Zukunftsorientierung mit einem fatalistischen Weltbild einher, nach dem Motto »Es kommt, wie es kommen muß«. Dagegen ist in den Mittelschichten mehr die Ansicht verbreitet, jeder sei »seines Glückes Schmied«. Unsicherheit und Apathie bei den Angehörigen der Unterschicht machen sich als Rückzug von den öffentlichen Einrichtungen unserer Gesellschaft bemerkbar und kommen in der weitaus selteneren Zugehörigkeit zu Vereinen und Verbänden aller Art zum Ausdruck, in der geringeren Beteiligung am kirchlichen Leben, an den Elternversammlungen in der Schule (und im Kindergarten) und an den politischen Wahlen. Die Angehörigen der Unterschicht zeigen statt dessen stärkere Bindungen an kleine Bezugsgruppen, vor allem innerhalb der Verwandtschaft, verbunden mit einer Neigung zur Personalisierung von Sachproblemen.

Das Kind in der Unterschichtfamilie wird von diesen schichtspezifischen Unterschieden des elterlichen Verhaltens negativ betroffen und beginnt dies zu erfahren, sobald es das schulpflichtige Alter erreicht. In der Schule begegnet es zum ersten Mal den »öffentlichen« Wertvorstellungen, die später in Beruf und politischem Leben Gültigkeit haben werden. Diese ›öffentlichen‹ Werte gleichen den familialen Orientierungen, die wir für die Mittelschichtfamilie skizziert haben. Das Unterschichtkind betritt mit der Schule eine ihm fremde Welt: es begegnet hier wie im »öffentlichen Raum« überhaupt ihm fremden und unverständlichen Verhaltensweisen und -erwartungen und steht diesen entsprechend hilfloser gegenüber als sein glücklicherer Mitstreiter aus der Mittelschichtfamilie.

Die Eltern übertragen ihre Wertorientierungen auf die Kinder zum einen, indem sie sich ihnen durch Belohnung und Strafe direkt erzieherisch zuwenden. Sie wirken auf die Kinder außerhalb dieser direkten Beziehung als Vorbild und Identifikationsobjekt, indem sie miteinander und mit Personen der Außenwelt in Gegenwart der Kinder verkehren. Und sie bestimmen schließlich über die eigenen Beziehungen des Kindes zur Außenwelt, indem sie über dessen Zugehörigkeiten zu Freundes- und Spielkreisen, Kindergarten, Kirche, Schulen und Vereinen entscheiden. – Alle Verhaltensunterschiede der sozialen Schichten, wie sie oben in allgemeiner Hinsicht angedeutet wurden, finden sich natürlich auch im Verhältnis von Eltern und Kindern wieder. Es gibt in der Unterschicht weniger zukunftsorientierte Erziehungsziele für das Kind. Statt planvoller und lenkender Einwirkung auf das Kind finden wir in der Unterschicht affektiv-spontanes Reagieren; finden wir im Verhalten der Eltern Widersprüche zwischen dem, was gestern gesagt oder verboten wurde, und dem, was heute gelten soll; beobachten wir mehr autoritäres Befehlen, häufigeres Schlagen und strengeres Pochen auf Unterordnung. – Eltern der Mittelschichten dagegen zeigen mehr Toleranz im Umgang mit ihren Kindern, geben ihnen eher liebevolle Zuneigung zu erkennen und verwenden psychologischere Bestrafungsmethoden in Form von Liebesentzug oder Entzug von Gratifikationen. Anstelle der körperlichen Züchtigung finden wir mehr vernünftiges Zureden und Appelle an das Gewissen des Kindes. Scheint das Kind in der Unterschichtfamilie durchschnittlich mehr Freiheit zu genießen, weil es stärker und früher sich selbst überlassen wird, so ist für das Kind in der Mittelschichtfamilie mit der stärkeren Beaufsichtigung doch auch ein Mehr an Zuwendung verbunden, die eine intensivere kulturelle Formung bewirkt.

Schwerwiegender noch als in den bewußten Erziehungsabsichten der Eltern macht sich der Schichtunterschied in deren Funktion als unwillkürliches Vorbild der Kinder bemerkbar. Ob die Eltern es wollen oder nicht, es »vererbt« sich das kulturelle Milieu des Elternhauses auf die Kinder. Besonders auffällig, folgenreich (und erforscht) sind hierbei die Unterschiede der familialen Sprachgewohnheiten. Größerer Wortschatz, differenzierter Satzbau, abstraktere Begrifflichkeit in den Mittelschichten stehen hier gegen stereotype Redensarten und Floskeln, geringeren Wortschatz und Begriffsrealismus in den Unterschichten. In der Schule kommen diese Unterschiede als Leistungsschwäche zum Vorschein, sie wirken jedoch ins ganze weitere Leben hinein, z. B. bis in die ärztliche Versorgung, wenn etwa die Beschreibung psychisch bedingter körperlicher Krankheitssymptome eine differenzierte Begrifflichkeit und ein entsprechendes Ausdrucksvermögen verlangt.

Die Unterschiede der sozialen Schichtzugehörigkeit wirken sich schließlich auch auf Art und Umfang der außerhäuslichen Sozialbeziehungen des Kindes aus, weil diese weitgehend durch die Eltern vermittelt werden. In der modernen Industriegesellschaft besteht zwischen der privaten Familienwelt und dem ›öffentlichen Raum‹ eine deutliche Trennung. Während bis heute im Binnenbereich der Familie überwiegend die Frau als Mutter tonangebend ist und das Gefühlsklima der Familie bestimmt, fällt dem Vater hauptsächlich die Rolle zu, die instrumentellen Fertigkeiten des öffentlichen Raumes in der Familie zu repräsentieren und an die Kinder zu vermitteln. Sachlichkeit, Gefühlskontrolle und spezielles Leistungsvermögen stellen Anforderungen dar, die die Kinder einmal durch die Art und Weise kennenlernen, in der der Vater sie vorlebt. Sie spüren diese Forderungen aber auch im eigenen Umgang mit dem Vater, wenn dieser sich strenger, fordernder und leistungsbetonter gibt als die für Wärme, Verstehen und Geborgenheit sorgende Mutter. Der Vater stellt in den Mittelschichtfamilien auch die Verbindungen des Kindes zum öffentlichen Raum her, indem er auf ihre Integration in außerfamiliale Gruppen hinwirkt oder diese ermöglicht. – In allen genannten Hinsichten ist der Unterschichtvater weniger erfolgreich. Seine eigene Leistungsschwäche im Umgang mit Symbolen und Personen, sein relatives Unwissen und seine geringere Verbundenheit mit dem öffentlichen Bereich bieten den Kindern wenig positive Möglichkeiten zu erleben, »wie einer damit fertigwerden kann« (5). Nicht nur durch sein in der Familie zu beobachtendes Verhalten ist der Unterschichtvater ein mangelhaftes Vorbild für die Kinder, es ist schon die geringere gesellschaftliche Geltung an sich, die ihn als Identifikationsobjekt blaß erscheinen läßt. Dagegen gewinnen die Väter der oberen Mittelschicht und gar der Oberschicht eine Demonstrationswirkung für die Kinder meist schon durch die gesellschaftlichen Privilegien, die sie der Familie verschaffen.

Die Schwäche des Vaters in den Unterschichten wertet indirekt die Bedeutung der Mutter auf. NEIDHARDT spricht in diesem Zusammenhang von einem »Unterschichten-Matriarchat«, einer Vorherrschaft der Frau also, der der Mann allenfalls seine pri-

mitive körperliche Überlegenheit entgegensetzen kann. Durch
die Vorherrschaft der Mutter wird die Entfernung zwischen Fa-
milienkultur und öffentlicher Kultur für die Kinder nochmals
vergrößert, weil durch den Einfluß der Mutter die innerhäusli-
chen, privaten Themen gegenüber den öffentlich-politischen in
den Vordergrund treten und in einer eher gefühlsbetonten Art
behandelt werden. Eine Untersuchung von SCHEUCH im Kölner
Raum (7) hat ergeben, daß Unterschichtfamilien in ihrem Freizeitbereich stark auf die Familie konzentriert bleiben; daß aufgrund des verstärkten Einflusses der Mutter Alltagsereignisse
und private Angelegenheiten im Vordergrund von Gespräch und
Aufmerksamkeit stehen: und daß als Summe dieser Beobachtungen ein »Familienprovinzialismus« festzustellen ist, demgegenüber Erfahrungen aus dem öffentlichen Bereich kaum zum Zuge
kommen.

Unterschichtkinder haben demnach nur geringe Aussichten,
frühzeitig die Wertvorstellungen und Leistungsmaßstäbe ken-
nenzulernen, die in unserer Gesellschaft auf dem Weg nach oben
erforderlich sind. Zwar kommen auch Unterschichtkinder bereits vor der Schulzeit in der Nachbarschaft, in Spielgruppen und
eventuell im Kindergarten mit außerfamilialen Gruppen in Verbindung, sie erleben auch die Mütter und Väter ihrer Spiel-
freunde, lernen auch vielleicht den Pfarrer, den Hausarzt oder die
Sozialpflegerin kennen, und auch die Wirkung des Fernsehens ist
zu berücksichtigen. Aber diese außerhäuslichen Einflüsse reichen selten aus, um den Bann der Schichtzugehörigkeit zu brechen. Schon die Bevorzugung leichter Unterhaltungsprogramme
(und der Sportsendungen) in Rundfunk und Fernsehen gegenüber anspruchsvolleren Problemsendungen wird den Kindern in
Unterschichtfamilien wiederum von den Eltern vorgelebt. Der
Kreis von Personen, mit denen hier gesellschaftlicher und gesel-
liger Kontakt gepflegt wird, ist kleiner, mehr auf die Verwandtschaft beschränkt, und enthält wenig Personen aus Mittel-
schichtverhältnissen. Nimmt man noch die soziale Homogenität
besonders der ärmeren Wohngegenden in den Städten hinzu, so
bieten sich den Kindern der Unterschicht wenig Gelegenheiten,
Lebensformen von größerer kultureller Differenziertheit persönlich zu erleben. Wie unabdingbar jedoch der persönliche Einfluß für das Entstehen einer sozialen Aufstiegsmotivation ist, läßt
sich an Untersuchungen ablesen, die – immerhin vorkommende

– Fälle von sozialem Aufstieg aus der Unterschicht zum Gegenstand haben (8). Immer zeigt sich, daß in der Familie des Aufsteigers entweder ein »erfolgreicher« Verwandter existierte, an dem ein höherer sozialer Status vom Kind real erlebt werden konnte; oder daß die Eltern des Aufsteigers einmal einen höheren sozialen Status besessen hatten (Vertriebene), so daß sein sozialer Aufstieg die Wiedergewinnung einer verlorenen sozialen Position darstellte; oder die Aufsteiger haben durch Vereinsmitgliedschaft oder Verbandszugehörigkeit persönlichen Kontakt zu Personen höherer sozialer Rangposition gewonnen. Zwar hat der soziale Aufstieg, die kulturelle Differenzierung, die Entwicklung sozialer Intelligenz immer auch die Aktivität und das Mittun des betreffenden Individuums zur Voraussetzung, es ist aber damit ähnlich wie im Märchen von Dornröschen: erst muß der Prinz kommen und es küssen, dann erst kann es (zur Fraulichkeit) erwachen. Offenbar ist es so schwierig, das Unterschichtmilieu zu verlassen, weil die aufstiegsorientierte Familie innerhalb ihres sozialen Bezugskreises und der einzelne Aufsteiger sogar innerhalb seiner Herkunftsfamilie als Außenseiter, der etwas Besseres sein will, mißbilligt wird. Die Angst vor dem Neuen und Unbekannten wirkt sich so ungewollt als konservative Kraft der Beharrung aus.

Bisher haben wir die besonderen Erfahrungsmöglichkeiten von Unter- und Mittelschichtkindern betrachtet, die noch nicht schulpflichtig, also noch keine sechs Jahre alt sind. Als Bevölkerungsanteil umfaßt diese Gruppe in der Bundesrepublik knapp sechs Millionen Köpfe. Rechnen wir die zweite Phase der Kindheit vom sechsten Lebensjahr bis zum Ende der gesetzlichen Schulpflicht, also bis zum 15. Lebensjahr, so ergibt sich hier eine Zahl von knapp acht Millionen weiteren Kindern, die in der Bundesrepublik lernend heranwachsen. Abgesehen vom Kindergarten, den nicht alle Kinder besuchen, übt die Schule den ersten ins Gewicht fallenden Einfluß im Leben der Kinder aus, der nicht mehr durch die soziale Position und den inneren Zustand der Herkunftsfamilie bestimmt ist. Wenn die sozial schwächeren Familien ihren Kindern weniger nützliche Lernanregungen bieten, so ist man versucht, an die Schule die Hoffnung auf einen bildungsmäßigen Ausgleich der bis dahin ungleichen kindlichen Lernchancen zu knüpfen. Diese Hoffnung wird jedoch bei genauerem Zusehen enttäuscht. Obgleich in der westdeutschen

Nachkriegsgesellschaft weitgehend durch den Schulbesuch über den späteren Zugang zu Lebenschancen entschieden wird, finden wir die Kinder aus Unterschichtfamilien um so stärker unterrepräsentiert, je höher der Schultyp rangiert. An den Gymnasien liegt der Anteil der Arbeiterkinder bei 10%, an den Universitäten noch niedriger, während wir etwa die Hälfte der Bevölkerung als Unterschicht definiert hatten. Für Mädchen ergeben sich sogar noch ungünstigere Zahlenverhältnisse.

Für das schlechte Abschneiden von Unterschichtkindern im Bildungssystem gibt es eine Reihe von Gründen, die oft gehäuft anzutreffen sind. Zum einen bringt das Kind aus der Unterschichtfamilie im Durchschnitt eine weniger geübte ›soziale Intelligenz‹ mit, was sich vor allem in sprachlicher Unbeholfenheit ausdrückt. Zum anderen spielt beim Übergang zu weiterführenden Schultypen nicht allein die Leistung des Kindes eine Rolle, sondern ebenso ist der Wille und die Bereitschaft der Eltern von Einfluß, dem Kind eine höhere Ausbildung zu ermöglichen (9). Die Versäumnisse der Unterschichteltern sind nur zum Teil durch die finanzielle Belastung, z. B. den Verdienstausfall des länger lernenden Kindes zu erklären. Bedeutsamer ist oftmals die Angst, die Kinder würden sich den Eltern durch ihr Hineinwachsen in ein höheres Bildungsmilieu entfremden. Hinzukommen die geringere Zukunftsorientierung in der Unterschicht und auch der soziale Neid mancher Eltern: für den Vater sei schließlich die Volksschule auch gut genug gewesen und er sei ein anständiger und tüchtiger Mensch geworden. Der Bildungsbegriff nimmt in den Unterschichten häufig die Bedeutung von »Herzensbildung« an, die auch dem »einfachen Menschen« zugänglich erscheint. Bildung hat so weniger mit Schulbesuch und Leistung zu tun als mit Eigenschaften wie Anständigkeit, Ehrlichkeit, Charakterfestigkeit, Sicherheit im Auftreten, gutem Benehmen, Aufgeschlossenheit, Zuverlässigkeit, usw.

Wir sehen also: was die Unterschichtfamilie in den ersten fünf, sechs Lebensjahren versäumt, an menschlichen Potenzen in ihrem Nachwuchs zu wecken und zur Entfaltung anzuregen, das gleicht unser Schulsystem nur in wenigen glücklichen Fällen später noch aus. Die Geburt in diesem oder jenem Elternhaus entscheidet bis heute weitgehend über die Entwicklungsmöglichkeiten des Nachwuchses und damit über den sozialen Rang, den der Erwachsene später in Beruf und Gesellschaft erreichen kann.

Diese Sachlage ist nicht nur in Hinsicht auf die benachteiligten Kinder aus Unterschichtfamilien ärgerlich, denen ohne eigenes Verschulden das volle »Bürgerrecht auf Bildung« (DAHRENDORF) nicht zuteil wird. Diese Sachlage ist auch nachteilig von den Erfordernissen unserer hochindustrialisierten und nur noch bürokratisch zu regelnden Gesellschaft her. In dem Maße wie die Erarbeitung des Lebensunterhalts immer weniger von der reinen Muskelkraft und von der Mühseligkeit ununterbrochenen Tätigseins abhängt, statt dessen mehr und mehr die schöpferische Intelligenz und das abstrakte Denkvermögen für ihre weitere Entwicklung benötigt – in eben diesem Maße droht allen Mitgliedern dieser Gesellschaft, die ein erforderliches Mindestmaß an geschulter Intelligenz und andauernder Lernbereitschaft nicht aufbringen, das Schicksal der offenen oder versteckten Arbeitslosigkeit. Zwar mögen wirtschaftliche Härten gemildert werden durch öffentliche Versorgungseinrichtungen und garantierte Mindestlöhne, aber die *Sinn*armut solcher Existenzweisen ist dadurch nicht zu beseitigen und auch nicht die davon ausgehende Kriminalität und Suchtgefahr. Die Kinder in unserer Gesellschaft, wie auch »die Gesellschaft« als Ganzes haben demnach ein eminentes »objektives« Interesse an der Förderung der intellektuellen und schöpferischen Fähigkeiten des Nachwuchses und an der Einübung eines »Sozialcharakters« (ERICH FROMM), der durch Sachlichkeit, differenzierte Reaktionsmöglichkeiten, sprachliche Gewandtheit und durch soziale Verantwortungsbereitschaft gekennzeichnet sein muß. – Die Kinder und ›die Gesellschaft‹ als abstraktes Gebilde »haben« dieses Interesse: aber wie wird es durch diejenigen gehandhabt, die die Interessen der Kinder zu vertreten hätten, Eltern, Erzieher, Politiker?

Begegnet diese Gesellschaft in Gestalt der Eltern ihren Kindern überwiegend kindorientiert? Ist das Verhalten der Erzieher immer und zuerst auf das wohlverstandene Interesse der Kinder ausgerichtet? Ist das private Verhalten in den elf Millionen Familien mit Kindern, und sind die öffentlichen Einrichtungen in der Bundesrepublik sichtbar und durchgängig auf die Förderung dieses Viertels der Bevölkerung eingerichtet, das sich einerseits noch nicht selbst vertreten kann, von dem andererseits aber weitgehend die Zukunft des Ganzen und auch die Altersversorgung der gegenwärtig Produzierenden abhängen? – Oder zeigen die Erwachsenen vor der Aufgabe Kind eher psychologischen Unverstand? Verfolgen sie persönliche Lebensziele, für deren Erreichen die Bedürfnisse der Kinder eher störend wirken? Die Sozialwissenschaft ist gehalten, wie der Arzt die Krankheiten, so hier die Fehler und Schwächen des Verhältnisses zum Kind zu untersuchen und die allgemeine Aufmerksamkeit auf die negativen Lebensbedingungen zu konzentrieren, unter denen Kinder ersichtlich zu Schaden kommen. Und leider ist die Liste der Mängel und Versäumnisse nicht kurz, die es hier vorzutragen gilt. Wir stützen uns dabei auf eine Zusammenstellung, die HANS PETER BLEUEL 1971 unter dem Titel *Kinder in Deutschland* veröffentlicht hat (10). BLEUEL zeigt die vielfach gestörte Beziehung der Erwachsenenwelt zur Welt des Kindes zuerst an dem eindrücklichsten Thema: an den totgeprügelten oder halb totgequälten Kindern. Jährlich werden in der Bundesrepublik ungefähr 90 Kindesmißhandlungen mit Todesfolge bekannt. Nach Schätzungen stellt diese Zahl aber nur zehn Prozent der tatsächlich an Mißhandlungen sterbenden Kinder dar. Wegen Kindesmißhandlung standen 1969 viertausend Erwachsene vor Gericht, 2500 davon wurden rechtskräftig verurteilt. Die Dunkelziffer wird bei diesem Delikt auf 95 % geschätzt, d. h. es werden bei uns jährlich zwischen 30 000 und 80 000 Kinder mißhandelt, ohne daß den Geschundenen jemand gegen ihre Peiniger zuhilfe kommt. Im *Deutschen Ärzteblatt* (Nr. 26/1966) schrieb ELISABETH TRUBE-BECKER: »Wahllos wird von den grausamen Eltern mit allen nur erreichbaren Gegenständen auf das Kind eingeschlagen, mit Riemen, Peitschen, Stöcken, Kohlenschaufeln, Kochlöffeln, Feuerhaken usw. Unerschöpflich ist die Phantasie beim Ersinnen von Grausamkeiten, um dem gequälten Kind Schmerzen zuzufügen: stundenlanges Stehenlassen, Auf- und Abmarschieren während der Nacht, auf den heißen Ofen setzen, Überbrühen mit heißem Wasser, stundenlanges Haltenlassen von schweren Gegenständen, Aufhängen an den Armen, Hungernlassen, Haltenlassen von brennenden Streichhölzern, bis die Finger anbrennen, Frierenlassen (erfrorene Gliedmaßen sind bei mißhandelten Kindern sehr häufig), Tauchen in eiskaltem Wasser bis zum Tod durch Erschöpfung oder Ertrinken, Liegenlassen in Kot und Urin und vieles mehr.« Zu diesen körperlichen Torturen kommen die weniger sichtbaren, aber nicht weniger grausamen seelischen Mißhandlungen, wie sie mit Worten, durch Mißachtung, Liebesentzug und Unverständnis der kindlichen

Seele möglich sind. Sie sind statistisch kaum zu ermitteln, sicher ist nur, daß sie die physischen Quälereien an Zahl und Vielfalt noch übertreffen. Ein literarisches Zeugnis für diese Art seelischer Grausamkeit bietet etwa der »Brief an den Vater« von Franz Kafka.

Die Frage nach den Motiven kindfeindlicher Verhaltensweisen bei Erwachsenen stößt auf eine Mehrzahl verschiedener Faktoren. Ein häufiges Motiv einer unverständlich rohen Behandlung des Kindes ist die gefühlsmäßige Ablehnung durch die Eltern oder ein Elternteil, oft weil das Kind unerwünscht zur Welt gekommen ist. Ein beträchtlicher Prozentsatz gewalttätiger Eltern ist erziehungsunfähig, weil sie selbst neurotisch gestört oder psychopathisch sind. Aber auch das Erziehungsklima in sog. »normalen« Familien ist häufig sehr stark auf Gehorsam und Unterordnung der Kinder, auf pedantische Ordentlichkeit, blinden Fleiß und sture Pünktlichkeit ausgerichtet, und es wird sadistisch gestraft, wenn das Verhalten des Kindes mit irgendeiner dieser Normen nicht übereinstimmt. Weiterhin wird elterliche Aggression gegen das Kind durch die mangelhafte wirtschaftliche Situation begünstigt, in der sich etwa vier Fünftel der Familien befinden, in denen es zu gewalttätigen Ausschreitungen gegen Kinder kommt. Die Not ist hier eine Quelle vielfältiger Frustrationen, für die das Kind als bequemer Sündenbock oft genug herhalten muß. Allerdings ist mit einer strengeren Bestrafung sadistischer Erziehungspraktiken – von denen ja auch die wenigsten überhaupt zur Anzeige kommen – das Elend der Kinder nicht zu beheben, allenfalls noch zu vergrößern. Für die Dauer einer tatsächlich erwirkten Haftstrafe des Vaters oder der Mutter ist nämlich die Familie gleich mitbestraft, weil sie den Einkommensausfall oder die noch schlechtere Betreuung der Kinder zu tragen hat. Und der bestrafte Kindsmißhandler ist selten durch die verbüßte Haftzeit zu einer freundlicheren Einstellung dem Kind gegenüber gebracht.

Bleuel weist wohl mit Recht auf die Unwirksamkeit des rechtlichen Schutzes der Kinder in der Bundesrepublik hin. Das Vormundschaftsgericht kann zwar gefährdete Kinder ihren Eltern entziehen, aber die Heimunterbringung bildet ein fast ebenso unerfreuliches Kapitel der Kinderwelt. Kindsmißhandlungen gelangen nur selten zur Anzeige, weil die Nachbarn das Prinzip der gegenseitigen Nichteinmischung meist höher bewerten als das Recht der Kinder auf körperliche und seelische Unversehrtheit. Geprügelt wird ja meist aus »guter Absicht«, und wer Anzeige wegen Kindsmißhandlung erstattet, kann selbst mit einer Gegenanzeige wegen »vorsätzlicher oder fahrlässiger falscher Anschuldigung« rechnen, sofern der Angezeigte aus »Mangel an Beweisen« freigesprochen wird. Und es ist in der Tat gar nicht einfach, das Delikt der Kindsmißhandlung nachzuweisen, weil die Beschuldigten in der Regel alles abstreiten und die Gewalttaten meist im abgeschlossenen Bereich der eigenen Wohnung stattfinden. Zu empfehlen ist deshalb statt einer Anzeige ein Hinweis an den Kinderschutzbund oder an das Jugendamt, die der Sache nachgehen können ohne den Informanten zu nennen. Allgemeine Gleichgültigkeit und Rücksichtslosigkeit gegenüber Kindern lassen sich auch an der Statistik über Unfallhäufigkeit ablesen. In der Bundesrepublik erleiden jährlich etwa 300 000 Kinder einen Unfall, das sind 26 von 1000 Kindern. An der Gesamtzahl der tödlichen Unfälle sind Kinder bei uns mit 38% beteiligt, in Großbritannien mit 25%, Frankreich 19%, Italien 12% – wobei wir die Aussagekraft von Statistiken nicht zu hoch bewerten wollen.

Mangelzustände, die sich gegen die freie Entfaltung der Kinder auswirken, finden sich auch im Wohnungswesen. Wohnungen gehören mit zu den primären Lebensbedürfnissen wie Nahrung und Kleidung, und es muß als Anzeichen einer Unterversorgung gelten, wenn der Bundesminister für Städtebau und Wohnungswesen auf dem *Deutschen Mietertag* 1971 darauf hinweisen mußte, daß in der Bundesrepublik noch eine Million Familien (mehr als drei Millionen Menschen) in durchaus menschenunwürdigen Wohnverhältnissen lebt. Betroffen hiervon sind vor allem alte Menschen, junge Ehepaare und kinderreiche Familien. Junge Ehepaare mit kleinen Kindern haben einerseits den höchsten Finanzbedarf, weil sie in der Aufbauphase ihrer gemeinsamen Existenz sind. Andererseits erreicht ihr Einkommen sein Maximum erst in späteren Lebensjahren. Für die Finanzierung von Eigenheimen ergibt sich aus dieser Überlegung, daß hieran meist Ehepaare beteiligt sind, die die Sorgen mit den Kindern überwiegend schon hinter sich haben. »Eigenheime sind Altenheime« formuliert deshalb BLEUEL. Ungerechtigkeiten im Bereich des sozialen Wohnungsbaus ergeben sich vor allem daraus, daß das Anrecht auf eine solche Wohnung nicht an das tatsächliche Einkommen der Mieter gebunden ist, sondern auf das Einkommen zum Zeitpunkt des Bezugs der Wohnung fixiert bleibt. Bleibt noch die Ausweichmöglichkeit auf »billige Altbauwohnungen«. Hier ist jedoch im Bereich der »Weißen Kreise« in den Städten das Niveau der Mieten entweder stark angestiegen, und übersteigt dann ebenfalls die Möglichkeiten junger Familien, oder die Qualität der Wohnungen ist derart, daß wiederum von menschenunwürdigen Wohnverhältnissen zu sprechen ist.

Die wehrlosesten Leidtragenden schlechter Wohnverhältnisse sind wiederum die Kinder. Von den vierzehn Millionen Kindern in der Bundesrepublik war 1971 eine Million nicht im Besitz eines eigenen Bettes, sondern schlief mit Geschwistern oder gar einem Elternteil zusammen. BLEUEL sieht die allgemeine Gleichgültigkeit und sogar Feindseligkeit gegenüber den Kindern auch in der Gedankenlosigkeit des modernen Wohnungsbaues, wo praktisch alles auf die Erwachsenen zugeschnitten ist: die Höhe der Klingelknöpfe, der Waschbecken, die ungesicherten und nicht zu sichernden Fensterriegel, der ungeschützte Zugang zum heißen Wasser. Bauvorschriften regeln zwar die Relationen von Wohnraum zu Wasch- und Trockenräumen, zu den Wagenabstellplätzen – aber Gemeinschaftsräume für Kinder, Spielräume mit eingebauter Lärmerlaubnis stellen unzumutbare Verteuerungen dar. Kinder gelten in Wohnhäusern oft als ständige Belästigung und Plage. Auf den Treppen, im Hof, auf dem Rasen und auf der Straße sind sie unerwünscht. *In* den Wohnungen ist häufig das kleinste Zimmer mit dem geringsten Bewegungs- und Spielraum für sie reserviert. Es fehlt auch an Kinderspielplätzen. In den Ballungsgebieten der Städte wird vielfach für neuerstellte Wohnungen und Wagenabstellplätze ein Verhältnis von 1:1 verlangt, der Abstellplatz mit rund 25 qm gerechnet. Dagegen gab es für Kinderspielplätze bisher nur in einigen Bundesländern Vorschriften. Die vorgeschriebene Spielfläche pro Kind lag 1971 zwischen 1,5 und 4 qm; in der Schweiz waren es 6 qm, in der Sowjetunion 8 qm, in Großbritannien sogar 20 qm. Die vorhandenen Spielplätze sind häufig im Zustand vernachlässigt. Abenteuerplätze sind keineswegs die Regel. Gelegentlich wird die Trostlosigkeit dieser Verhältnisse gerechtfertigt mit dem Spielverhalten der Kinder: durch das Fernsehen und die verschiedenen *Comic-strip*-Heftchen angeregt, hat ihr Tun und Treiben häufig genug Zerstörung zum Inhalt. Die einfache Schwarz-Weiß-Welt der Western und Superhelden findet sich wieder in Spielen, bei denen der »Gegner« einfach erschossen wird und überhaupt das Geschehen den Unterschied von Guten und Bösen verlangt.

Spricht man schon von Kinderspielplätzen, so drängt sich als nächstes die Frage nach den deutschen Kindergärten auf. Ende 1969 gab es in rund 16 500 Kindergärten 1,1 Mio. Plätze. Bis 1975 hat sich diese Zahl auf 1,5 Mio. erhöht (*Fr. Rundsch.* 16. 6. 76) – bei etwa drei Millionen Kindern zwischen drei und sechs Jahren. Daraus läßt sich ableiten, daß von den vorhandenen Kindergärten viele überbelegt sind und die Kindergärtnerinnen demnach überlastet und kaum in der Lage, ihre pädagogische Aufgabe angemessen auszufüllen. Die Hamburger Psychologin ANNEMARIE TAUSCH hat bei einer Untersuchung des Verhaltens von Kindergärtnerinnen beobachtet, daß deren Äußerungen zu 82 % aus Befehlen und Fragen bestanden. Man wird hierfür allerdings nicht allein die Größe der Kindergarten-Gruppen verantwortlich machen können, sondern muß fragen, wie gründlich die Ausbildung der Kindergärtnerinnen in Bereichen wie Entwicklungs- und Lernpsychologie, Gruppendynamik und Familiensoziologie ist. Den allgemeinen Bildungshintergrund hat ANNEMARIE TAUSCH skizziert: »Es ist eben so, daß wir alle durch eine sogenannte autoritäre Erziehung mit Gehorsam und Gehorchen gegangen sind. Wir sind in gewissem Sinne für eine Diktatur erzogen worden.«

In den vielen Elterninitiativen der letzten Jahre sieht BLEUEL eine Antwort auf die angedeutete Kindergartenmisere und auf den autoritären Führungsstil, der dort teilweise herrscht. Er schränkt allerdings mit Recht ein, daß die Vorbilder, an denen sich diese Projekte meist orientiert haben, nämlich A. S. NEILL in Summerhill und die Berliner Kinderläden, selber problematisch sind. Summerhill, weil die dort praktizierten Spielregeln des Zusammenlebens und Lernens in der Gesellschaft draußen nicht ohne weiteres Gültigkeit besitzen. Die Kinderläden sind als Leitbild ungeeignet gewesen, weil eine affektgeladene Berichterstattung über Vorgänge in den Berliner Kinderläden die ganze Richtung dieser Privatinitiativen in Verruf gebracht hat. Auch ohne dies scheitern die Eltern-Initiativgruppen sehr häufig. Einmal werden sie doch zu einem beträchtlichen Teil durch das Motiv bewegt, für die Kinder außerhalb des Kindergartens einen Abstellplatz zu schaffen. Zum andern ist es nicht damit getan, daß einige Eltern sich miteinander verabreden und vielleicht noch einen Laden anmieten. Vielmehr muß ein gemeinnütziger Verein gegründet werden (mindestens 25 Mitglieder), es müssen für die Ersteinrichtung und den laufenden Betrieb Gelder aufgebracht werden, die Räume müssen mit Möbeln, Spielzeug und hygienischen Einrichtungen versehen werden, und schließlich müssen eine oder zwei Kindergärtnerinnen gefunden werden, die mit der Erziehungsauffassung der Eltern übereinstimmen und sie auch pädagogisch verwirklichen können. Hilfen von der Gemeinde oder der öffentlichen Hand sind meist erst zu erwarten, wenn diese Anfangsschwierigkeiten gemeistert sind und »der Laden läuft«. Läuft er gut und gerät womöglich sogar in den Geruch eines »Modells«, dann – so meint BLEUEL – »sind selbst CSU-Zuschüsse denkbar«.

Über die soziale Benachteiligung der meisten Unterschichtkinder in der Schule ist schon gesprochen worden (11). Der Einschulung geht inzwischen vielerorts das sog. Vorschuljahr voraus, dessen Grundidee es ist, die Bildungs- und Entwicklungsunterschiede der Kinder möglichst vor Eintritt in die Schule auszugleichen. Dieses zusätzliche Bildungsangebot ist jedoch bisher auf die städtischen Zentren konzentriert, und es wird zudem überwiegend von jenen Eltern beschickt, die selbst bereits stark bildungsorientiert sind. Soweit sie freiwillige Teilnahme praktizieren, wirken diese Vor-Klassen deshalb der eigentlichen Idee genau entgegen. Nicht die benachteiligten Kinder aus sozial schwächeren Familien sammeln sich hier, um ihre Bildungsschwächen vor Schuleintritt auszugleichen, sondern die ohnehin besser ausgerüsteten Kinder aus Mittelschichtfamilien werden hier für den Start in die Schullaufbahn zusätzlich fitgemacht. Im Schulsystem selbst gibt es in der Bundesrepublik in allen Schulstufen noch immer zu wenig Planstellen für Lehrer. Die Zahlen und Berechnungen der verschiedenen interessierten Seiten weichen hier seit Jahren zum Teil erheblich voneinander ab. Es genügt festzustellen, daß Klassen mit über dreißig Schülern keine Seltenheit sind. Selbst wenn es aber nicht die Klassengröße wäre, die dem Lehrer das individuelle Eingehen auf den einzelnen Schüler erschwerte, so bliebe immer noch zu bemängeln, daß Schulversagen bisher nur selten als Ausfluß psychischer Behinderungen erkannt wird und kaum dazu führt, die betroffenen Kinder durch unterrichtsergänzende therapeutische Bemühungen zu fördern. In der Lehrerbildung wird psychologisches und besonders tiefenpsychologisches Wissen bisher nur formal vermittelt. Von einer gruppendynamischen oder gar charakteranalytischen Schulung der Lehramtskandidaten sind wir noch weit entfernt. Mit dieser Einsicht weist BLEUEL freilich auf eine Schwierigkeit hin, die durch Bereitstellung finanzieller Mittel allein nicht zu überwinden wäre. Auch eine zehnprozentige radikale Bildungssteuer würde nicht kurzfristig ermöglichen, rund 500 000 Lehrer praktisch-psychologisch zu schulen. Wir bezweifeln BLEUELS Optimismus, daß die für eine solche Ausbildung erforderlichen Psychologen vorhanden seien und nur nicht bestellt würden.

Die verhaltensleitenden Vorstellungen in den Köpfen der Erwachsenen, also auch der Lehrer, sind in einem zwanzig- oder dreißigjährigen Lernprozeß gewachsen und verfestigt, sie reichen bis in die Tiefenschichten der Persönlichkeit. Um daran Veränderungen zu bewirken, ist es mit ein paar psychologischen Wochenendschulungen oder vier Pflichtlehrveranstaltungen im Rahmen eines Studiums der Physik oder der Literaturwissenschaft nicht getan. Jeder Pädagoge, der ja über dreißig, vierzig Berufsjahre mit seiner Persönlichkeit auf Hunderte von Kindern nachhaltig einwirkt, bedarf eigentlich einer gründlichen charakterlichen Schulung, um zu vermeiden, daß unverstandene und irrationale Ängste und Abwehrhaltungen im Umgang mit den Schülern seine guten pädagogischen Absichten ungewollt zunichte machen. Welches Gemengsel aus modernen Ansätzen und romantischer Schollenwelt sich, wenn schon nicht in den Köpfen der Lehrer, so doch noch in manchen Schullesebüchern findet, macht eine Leseprobe BLEUELS deutlich:

> Ich hab' ein liebes Mütterlein,
> drum will ich immer dankbar sein,
> und einen Vater, der sorgt so treu
> für mich an jedem Tage neu,
> und einen Bruder, viel größer als ich,
> bin ich in Not, so schützt er mich,
> und auch ein liebes Schwesterlein,

das ist noch gar so winzig klein.
Du lieber Gott, sei doch so gut
und gib uns allen frohen Mut.

Dies eine Darstellung der Familie für das erste Schuljahr. Arnold Grömminger (12) hat 1970 Art und Zahl der Berufe zu-
sammengezählt, die in einer Reihe von Schulfibeln vorkommen.
Neben 11 Bauarbeitern, 8 Tankwarten und 4 Bergleuten tauchen
auf: 68 Zunfthandwerker (Bäcker, Schuster, Schmied, Schneider,
Schreiner, Maler, Müller), 35 Land- und Forstwirte, 36 Dienst-
leistende (u. a. Scherenschleifer, Lumpensammler), 25 Klein-
händler (Milchmann, Metzger) und 16 Doktoren. Eine mittelalterliche Stadtgesellschaft einschließlich einiger Pfahlbürger.

Bleibt noch das Fernsehen als Bildungsquelle unserer Kinder.
Rund drei Viertel der Haushalte in der Bundesrepublik besitzen
einen Fernsehapparat. Mehr als drei Millionen Kinder sitzen täglich davor, manche verbringen mehr Zeit mit Fernsehen als sie
in der Schule weilen. Die Sender bieten zwar Bildungspro-
gramme an, aber man darf vermuten, daß die Wildwest- und Kri-
miserien ihnen in der Beliebtheit bei den Kindern den Rang ab-
laufen. Selbstjustiz, Problemlösungen mit dem Colt, autoritäres
Freund-Feind-Denken, Brutalität und danach edel-anmutige
Frauenschönheiten als Belohnung für den rächenden Helden:
derartige Verhaltensmuster bilden die Vorbereitung für die
spätere Auseinandersetzung mit politischen Fragen in Familie,
Gemeinde und größerer Gesellschaft. Der Hildesheimer Me-
dienforscher Heribert Heinrichs hat in einer einzigen Fern-
sehwoche in ARD und ZDF zusammen 416 Leichen gezählt
(*Frankfurter Rundschau*, 28. 10. 72). Es bleibt uns der schwache
Trost, daß die Fachleute noch darüber streiten, ob das Fernsehen
die Einstellungen und Verhaltensweisen der Zuschauer tatsächlich beeinflußt, oder ob lediglich bereits vorhandene Einstellungen dadurch verstärkt werden. Wahrscheinlich ist, daß die Reaktionen der Eltern das Vorbild für die Stellungnahme der Kinder
zu dem Gesehenen abgeben, womit wir wieder bei dem Haupt-
einflußfaktor Familie angelangt sind.

Wenn in einer Familie autoritäre Denkgewohnheiten vorherr-
schen, wenn die Eltern sich mit Hilfe grober Raster von
Schwarz-Weiß-Kategorien in der Welt orientieren, wenn sie
keine kritische Distanz gegenüber gängigen Selbstverständlich-

keiten aufbringen – dann hat ein Kind in dieser Familie wenig
Chancen, ein reiferes Verhalten als die Eltern einzuüben und im
späteren Leben realitätsgerechter zu reagieren als diese. Leider
geht aus den regelmäßigen Umfragen der Meinungsforschungs-
institute hervor, daß in der Bundesrepublik unter den obersten
Erziehungszielen die Werte »Gehorsam und Unterordnung«,
»Ordnungsliebe und Fleiß« immer noch einen bedeutsamen
Platz einnehmen. Obwohl die autoritären Leitbilder leicht ab-
nehmen, sprach sich z. B. 1972 noch annähernd die Hälfte der
Befragten für Gehorsam, Disziplin und Ordnung als oberste Erziehungsziele aus (13), während Selbständigkeit nur von einem
Viertel als oberster Wert genannt wurde, Toleranz sogar nur von
7%. Der Psychologe WOLFGANG METZGER hat die Leitsätze des
autoritären Erziehers so formuliert (14): »Haupt-Erziehungsziel
ist der Gehorsam. Das wichtigste Erziehungsmittel ist die Strafe.
Die wirksamste Strafe ist das Schlagen.« Schon im Jahr 1938 haben aber die amerikanischen Sozialpsychologen LEWIN und LIP-
PIT auf die Auswirkungen einer autoritären Erziehung und auto-
kratischen Familienatmosphäre hingewiesen: »Wer durch eine
solche Erziehung gegangen ist, für den ist das Verhältnis zu den
Mitmenschen nach dem Muster eines ständigen erbarmungslosen
Konkurrenzkampfes vorgeprägt, von dem er sich nur noch
schwer lösen kann.«

Das schwerwiegendste Symptom, mit dem Kinder auf die Erfahrungen in einem verständnislosen und auf unbedingten Gehorsam pochenden Elternhaus antworten, ist die Leistungsschwäche in der Schule. Die Statistik macht unmißverständlich
klar, daß Leistungsschwächen und Leistungsversagen sich bei
den Kindern aus Unterschichtfamilien häufen. Dieser Tatbestand ist aber nicht durch genetische Minderwertigkeit der ärmeren Bevölkerungsschichten zu erklären, sondern sehr wesentlich
durch den Umstand, daß Eltern aus sozial schwächeren Schichten stärker dazu neigen, ihre Kinder strikt autoritär zu erziehen.
Zu diesem Unglück kommen für das Unterschichtkind meist
noch Faktoren hinzu, die seine Entwicklung indirekt behindern:
die Ehen von Unterschichteltern sind durch die finanzielle Be-
engtheit und durch eine entsprechend geringe Selbstachtung des
Vaters meist unfriedlich. Fluchttendenzen des Vaters in Form
von Alkoholismus und Männerrunden; sexuelle und soziale
Frustrationen der Mutter, unerwünschte Schwangerschaften;

Verschuldung durch finanzielle Ungeschicklichkeiten; schließlich rückwirkend, auch das Schulversagen der Kinder bilden Anlässe und Hintergrund für ständige Auseinandersetzungen zwischen den Ehepartnern. Die Ehen gleichen einem Duell, nicht einem Duett (W. METZGER). Die Kinder lernen hierbei von den Erwachsenen, ebenso wie in den demokratischeren Ehen und Familien, nur eben gerade jene Verhaltensmuster nicht, die vorhandene Begabungen zur Entfaltung anregen und eine innere Leistungsorientierung erzeugen: friedliche Zusammenarbeit auf sachlicher Grundlage.

Die wirtschaftliche Not der Unterschichtfamilien ist nicht allein durch äußere Umstände bedingt, sie beruht zu einem großen Teil auch auf sozialer Ungeschicklichkeit der Eltern selbst. Vor allem die Existenz von Kindern, deren Unterhalt um so stärker ins Gewicht fällt, je niedriger das absolute verfügbare Einkommen der Familie ist, trägt zu den unerfreulichen Zuständen bei. Nach einer Berechnung von HELGA SCHMUCKER (15) sinkt das Lebenshaltungsniveau einer Familie – im Vergleich mit einem Ehepaar ohne Kind (= 100%) – mit einem Kind auf rund 70% ab, bei zwei Kindern auf 55%, bei drei Kindern auf 47%, bei vier und mehr Kindern schließlich auf 37%. In einer Gesellschaft, die derart auf Konsum als Quelle von Ansehen und Prestige aufgebaut ist wie bei uns, wirken sich demnach Kinder finanziell als Frustration aus, für die in gar nicht wenigen Familien die Kinder unbewußt verantwortlich gemacht und entsprechend feindselig-unterdrückend behandelt werden. Fernsehen, Musikhören, Autopflegen, am Wochenende mit Freunden gesellig sein – das alles sind in der Bundesrepublik Betätigungen, die statistisch vor der Beschäftigung und dem Spiel mit den eigenen Kindern genannt werden (10). Die Kinder sind dabei meist lästig und werden als Störung erlebt. Ungefähr ein Drittel der Familien bei uns hat aber vier und mehr Kinder, das heißt in 700 000 Familien leben um drei Millionen Kinder, bei denen an den Ausgaben für Bildung und Ausbildung gespart werden muß, weil die vom Vater verdiente Mark nur noch vierzig Pfennige wert ist (im Vergleich mit dem kinderlosen Ehemann). Das Kindergeld gleicht die damit verbundene Chancenungleichheit der Kinder nicht aus, denn meist ist die Familie mit einem oder zwei Kindern nicht nur zufällig kleiner, sondern die Eltern beschränken ihre Kinderzahl bewußt, um den wenigen Kindern eine bessere Ausbildung und

damit Startchance ins eigene Leben zu ermöglichen. Familien-
planung und Geburtenkontrolle finden demnach in den Familien
am wenigsten statt, in denen sie am nötigsten wären, um den
Kindern überhaupt eine mehr als minimale Ausbildungsmög-
lichkeit zu verschaffen. Die wirtschaftliche Schwäche der kin-
derreichen Familien, die Frühehen ohne ausreichenden Wohnraum bringen dann jene »Sozialfälle« hervor, in deren
Lebensläufen die gleichen Schicksale stereotyp wiederkehren:
zerrüttete Ehe der Eltern, Alkoholismus, Scheidung, uneheliche
Geburt, Heimerziehung.

Die in den Familien der Unterschicht gehäuften Benachteili-
gungen für die Kinder sind nicht durch volkswirtschaftliche Ein-
kommensumverteilungen allein auszugleichen – so wenig auf
derartige Bemühungen auch verzichtet werden kann. Die
schlechte Vorbereitung auf das Leben ist ebenso durch Unwissenheit und seelische Mängel der Eltern verursacht, die diese
selbst im allseitigen Konkurrenzkampf unserer Gesellschaft
schlecht abschneiden läßt. Der Mangel an Solidarität, die gegenseitige Rücksichtslosigkeit, das machtorientierte Oben-unten-
Denken, das Ausspielen der physischen Überlegenheit durch die
Männer und anderes mehr vereinigen sich aus der Sicht der Kinder zum Bild einer Dschungelwelt, in der der Schwache sein Heil
in der Flucht suchen muß und in der der Starke gnadenlos sein
darf. Freilich spiegelt sich hier nur in verstärkter und verzerrter
Form wider, was in der Gesellschaft von heute allgemein gilt.
Seelische Gesundheit im Sinne der Entwicklung aller positiven
Möglichkeiten des Menschseins fehlt nicht etwa nur in den Unterschichten, während sie in den mittleren und oberen Rängen
der Gesellschaft vorhanden wäre. Hier wie dort haben wir es
heute mit einem seelischen Massenelend zu tun, dessen Züge in
den Unterschichten lediglich verschärft hervortreten. Die stei-
gende Nachfrage nach psychologischer Beratung und nach psychotherapeutischen Hilfeleistungen auch und gerade aus den
bessergestellten Schichten der Bevölkerung zeigt deutlich, daß
seelische Gesundheit offenbar ein seltenes Gut ist. Die Zahl der
Anrufe bei den 55 Stellen der Telephonseelsorge in der Bundesrepublik stieg z. B. von rund 200 000 im Jahr 1973 über 300 000
im Jahr 1974 auf über 410 000 im Jahr 1975 an (*Der Spiegel* 17. 5.
76, S. 180). Wir wollen deshalb im folgenden Überlegungen
nachgehen, wie eigentlich das Wesen seelisch gesunder Mensch-

lichkeit sich bestimmen läßt, wobei der tiefenpsychologische
Gesichtspunkt im Vordergrund stehen soll.

Literatur

1 KLINEBERG, OTTO, Die menschliche Dimension in den internationalen Beziehungen, Bern 1966, S. 20.
2 KARDINER, ABRAM, Der Einfluß von sozialem Druck, Not und Entbehrungen auf das Affektleben, in: Geistige Hygiene, Forschung und Praxis, hrsg. von Maria Pfister-Ammende, Basel 1955, S. 197–212.
3 LIDZ, THEODORE, Familie und psychosoziale Entwicklung, Ffm. 1971 (1963).
4 WURZBACHER, GERHARD (Hrsg.), Die Familie als Sozialisationsfaktor, Stgt. 1968.
5 NEIDHARDT, FRIEDHELM, in: WURZBACHER, a.a.O., S. 174–200: *Schichtspezifische Elterneinflüsse im Sozialisationsprozeß.*
6 BOLTE/KAPPE/NEIDHARDT, Soziale Schichtung, Opladen 1966.
7 SCHEUCH, ERWIN K., Family cohesion in leisure-time, in: *The Soc. Rev.*, 8, 1960, 37 ff.
8 GRIMM, S., Die Bildungsabstinenz der Arbeiter, München 1966.
9 HESS/LATSCHA/SCHNEIDER, Die Ungleichheit der Bildungschancen, Olten und Freiburg i. Br. 1964.
10 BLEUEL, HANS PETER, Kinder in Deutschland, München 1971.
11 HEINTZ P. (Hrsg.), Soziologie der Schule, Köln/Opladen 1959, bes. S. 52–79.
12 GRÖMMINGER, ARNOLD, Die Deutschen Fibeln der Gegenwart, Weinheim 1970; zit. nach BLEUEL (10), S. 116.
13 EMNID-INFORMATIONEN, Nr. 1/2, 24. Jg., 1972, S. 10 ff.
14 METZGER, WOLFGANG, Demokratie in der Kinderstube, in: Gesellschaft-Staat-Erziehung, 16. Jg., 4, 1971, S. 199 ff.
15 SCHMUCKER, HELGA, u. a., Die ökonomische Lage der Familie in der BRD, Stgt. 1961.

4. Der seelisch »gesunde« Mensch

SIGMUND FREUD hat vom Gesunden bekanntlich gesagt, daß er »arbeiten und lieben« kann. Es steckt in dieser Aussage die Beobachtung, daß der neurotische Mensch meistens in seiner Arbeitsfähigkeit beeinträchtigt ist oder daß sein Verhältnis zum andern Geschlecht und zur Familie mehr oder weniger gestört ist. Arbeiten- und Liebenkönnen sind jedoch sehr allgemeine Bestimmungen, die eine Reihe von Fragen offenlassen. Ist denn zum Beispiel derjenige schon seelisch gesund zu nennen, der täglich einer ermüdenden Tätigkeit am Fließband nachgeht oder sonst irgendeine monotone geistlose Arbeit verrichtet? Und sollen wir von Liebesfähigkeit schon dort sprechen, wo ein Ehepaar seit zehn oder zwanzig Jahren zusammenlebt, sich aber fast ebenso lange fast täglich streitet? Und wie wollen wir die seelische Verfassung des erfolgreichen Geschäftsmannes, Wissenschaftlers oder leitenden Angestellten bewerten, der zwar beruflich viel arbeitet, sich sogar noch abends oder übers Wochenende Akten mit nach Hause bringt, dadurch aber gerade die Ansprüche seiner Ehefrau und der Kinder auf gemeinsames Familienleben von sich abwehrt? Wie ist schließlich die seelische Gesundheit des Sexualprotzes und Don-Juan-Typs zu sehen, der eine Frau nach der anderen »erobert«, aber bei keiner bleibt und keine Verantwortung auf sich nimmt?

Aus diesen zweifelnden Fragen können wir in einer ersten Annäherung ableiten, daß seelische Gesundheit offenbar mit Wohlbefinden zu tun hat; daß sie weniger ein Sein ist als ein Tun, also Leistung oder Funktionstüchtigkeit ist; daß die Leistungsfähigkeit des Gesunden jedoch nichts Zwanghaftes, Getriebenes an sich hat; daß sie demnach nicht nur die Kompensation und Vertuschung anderweitig gefühlter Schwächen sein darf, sondern ihren Wert in sich selbst hat. Diese Beschreibung läßt sich aber nicht ohne weiteres in den Schriften FREUDs finden, denn sie enthält eine Reihe von Annahmen über die angeborene Natur des Menschen, welche FREUD nicht geteilt hat. Er sah den Menschen statt dessen in eine unausweichliche Wahl zwischen zwei gleich unangenehmen Möglichkeiten gestellt. Der Mensch bringt nach Ansicht FREUDs eine Reihe wilder und unersättlicher Begierden mit auf die Welt, die er zunächst ungestüm und rücksichtslos zu befriedigen versucht, wobei er sogar den Tod anderer Menschen bedenkenlos in Kauf nehmen würde, wenn dies zur Erreichung seiner Ziele nützlich wäre. Jedes neugeborene Kind ist in den Augen Freuds zunächst ein kleiner Wilder, dessen Leben sich zu verwegener Freiheit entfalten würde, wenn ihm nicht durch andere Einhalt geboten wird. Das Unangenehme an dieser Freiheit wäre nur, daß in einer menschlichen Gesellschaft, die aus lauter derartigen Wilden bestünde, keiner seines Lebens und seiner Befriedigungen sicher sein könnte, denn es bestünde jederzeit die Möglichkeit, daß ein stärkerer oder listigerer Zeitgenosse ihm das Seine raubt oder ihn gar ermordet. Um diesem Schicksal vorzubeugen, haben die Menschen nach Freuds Meinung schon in früher Vorzeit begonnen, sich gemeinsamen Verboten zu unterwerfen mit dem Ziel, durch den Verzicht auf einen Teil ihrer Bedürfnisse und auf die Gewaltanwendung zu ihrer Befriedigung ein höheres Maß an Sicherheit und Bequemlichkeit zu gewinnen. Dieses künstliche Gebäude aus Vorschriften, die das Zusammenleben der Menschen regeln, nennt Freud Kultur. Und es bereitet den Menschen Unbehagen, in einer Kultur zu leben, weil diese ihrem Wesen nach der menschlichen Natur mit ihren wilden Begierden und köstlichen Befriedigungen entgegensteht. Seelische Gesundheit stellt sich unter dieser Perspektive als die Aufgabe dar, zwischen der Befriedigung der natürlichen Bedürfnisse und den Risiken ihrer Durchsetzung gegen andere ein Gleichgewicht zu finden, bei dem der Triebverzicht am geringsten ist, aber auch die Gefahr rachsüchtiger oder neidischer Gewaltanwendung von seiten anderer.

Jede Theorie steht und fällt mit ihren Voraussetzungen. Freud setzt in seiner Theorie voraus, daß der Mensch von Natur aus eigentlich eine wilde Bestie ist, die durch Erziehung erst kultiviert werden muß; und er arbeitet mit der Annahme, daß die Befriedigungen des einen die Verzichte des anderen sind. Die ›Natur des Menschen‹ ist aber gar nicht einfach zu bestimmen, wenngleich über dieses Thema eine schier unübersehbare Literatur existiert. Wenn Freud unter Stichworten wie »wilde Bestie« oder »der Mensch ist dem Menschen ein *Wolf*« den Menschen irgendwo im Tierreich ansiedelt, dann ist dies immerhin eine moderne Überlegung gegenüber der mittelalterlich-religiösen Überzeugung, wonach der Mensch als Gottes eigenes Geschöpf sich aus dem

Tierreich heraushebt. Seit DARWINS epochemachendem Werk
über die Abstammung des Menschen (1871) hat sich der Gedanke
allmählich durchgesetzt, daß Menschen und Affen in vorge-
schichtlichen Zeiten einen gemeinsamen Vorfahren hatten, von
dem aus in unvorstellbar langen Zeiten die Entwicklung zum
heutigen Menschen *(homo sapiens)* geführt hat. Man schätzt
heute, daß der Übergang vom Tier zum Menschen ungefähr drei
Millionen Jahre zurückliegt und sich über 400 000 bis 600 000
Generationen hinweg abgespielt hat. Seit ein oder zwei Millionen
Jahren gibt es demnach Menschen auf der Erde, die Werkzeuge
gebrauchen, jedoch tritt der biologische Typus des *homo sapiens*,
dem alle heute lebenden Menschenrassen zugerechnet werden,
erst vor ungefähr 40 000 Jahren auf die geschichtliche Bühne. Der
Mensch stammt also zwar aus dem Tierreich, er ist diesem aber
doch mit Hilfe der von ihm geschaffenen Kultur stärker ent-
wachsen als irgendeine andere auf der Erde lebende Tierart.
Während die Tiere aufgrund »gesunder Instinkte« den natürlichen Gefahren auszuweichen wissen und das ihnen Nützliche
finden, muß der Mensch erst in zehn, zwanzig Lebensjahren *lernen*, was zum Leben taugt und was nicht. Er ist also nicht schon
bei der Geburt auf bestimmte Verhaltens- und Reaktionsweisen
festgelegt, gleichsam »programmiert« wie die Tiere durch ihre Instinkte, sondern wird »unfertig« geboren und muß sich seine Le-
benstüchtigkeit lernend erarbeiten. Diese biologische Notwendigkeit führt dazu, daß die Fähigkeiten und Eigenschaften des
erwachsenen Menschen von den Lernangeboten der Kultur abhängen, in die er hineinwächst. Daraus folgt wiederum, daß wir
FREUDS Aussage nicht akzeptieren können, es sei der Mensch
von Natur aus – und das hieße doch auch, seiner »gesunden«
Natur nach – ein Wolf oder eine Bestie. Wir können zunächst lediglich feststellen, daß es offenbar zur Natur des Menschen gehört, in einer Kultur zu leben, weil er ohne Kultur nicht überlebensfähig wäre.
Wenn FREUD also von den Menschen als »wilden Bestien«
spricht und meint, jeder sei dem anderen ein Wolf, dann muß dies
aufgrund der mangelnden natürlichen Vorgeprägtheit des Menschen mit den Lernangeboten der Kultur zusammenhängen, die
jedes neugeborene Kind bereits vorfindet und sich lernend aneignet. Wir müssen also fragen, ob die Unersättlichkeit der Begierden und die Neigung zur Totschlägerei notwendig zur Kul-

tur gehören, weil dadurch das Überleben der einzelnen wie der Gattung gesichert wird – oder ob die von Freud als allgemeinmenschliche Wesenszüge hingestellten Verhaltensweisen vielleicht im Gegenteil gerade Ausdruck für das schlechte Funktionieren derjenigen Kulturen sind, in denen sie massenhaft auftreten. Eine große Frage, bei deren Beantwortung wir uns auf den uns leitenden Gesichtspunkt der seelischen »Gesundheit« beschränken wollen. Nach allem, was die Kulturanthropologie im Verlauf unseres Jahrhunderts über die verschiedenen menschlichen Kulturen dieser Erde in Erfahrung gebracht hat, scheint es einen zwingenden Zusammenhang von menschlichen Bedürfnissen, den Gütern der Natur zu ihrer Befriedigung und den Formen der kulturell organisierten Aneignung dieser Güter *nicht* zu geben. Alle vorhandenen Kulturen sind offenbar geeignet, ihren Mitgliedern das Überleben in der Natur zu ermöglichen und den Bestand des Ganzen gegenüber den naturüblichen Gefahren zu sichern. Darunter befinden sich einige, deren Mitglieder durch große Friedfertigkeit und Freundlichkeit auffallen, andere, in denen Feindseligkeiten zwischen den Angehörigen der gleichen Kultur häufig und heftig sind; die sexuellen Beziehungen zwischen den Geschlechtern sind in einigen Kulturen recht freizügig geregelt und unterliegen vor der Familiengründung nur wenigen Einschränkungen, während in anderen wieder sexualfeindliche Regelungen praktiziert werden. Die Vielfalt der kulturellen Spielarten erinnert irgendwie an die verschiedenen Arten von Pflanzen- und Tierarten, die die Erdoberfläche bevölkern. Jede anders gebaut und mit anderen Lebenstechniken ausgerüstet und doch jede für sich in der gegebenen natürlichen Umwelt überlebensfähig. Allerdings wissen wir auch, daß einzelne Pflanzen- und Tierarten wieder ausgestorben sind, weil durch erdgeschichtliche Veränderungen ihrer natürlichen Umwelt die Voraussetzungen ihrer Überlebensfähigkeit entfielen, nämlich die genaue Entsprechung zwischen ihrer körperlichen Ausstattung und den damit erreichbaren Nahrungsquellen und Aufenthaltsorten. Und im Hinblick auf die verschiedenen Kulturen müssen wir ebenso fragen, ob deren Überlebensfähigkeit nicht gerade von der Fähigkeit bestimmt wird, auf Veränderungen ihrer Lebensbedingungen elastisch und flexibel zu reagieren.

Der Vergleich einzelner menschlicher Kulturen mit der Unterschiedlichkeit tierischer Gattungsformen ist nicht nur eine phantasievolle, aber abgelegene Idee. Wenn wir über die Bedingungen des Lebens auf der Erde nachdenken und dabei die Frage stellen, wie und wodurch sich eigentlich der Mensch von den anderen Formen des Lebendigen unterscheidet, dann sind wir zu einem solchen Vergleich sogar herausgefordert. Der französische Molekularbiologe JACQUES MONOD hat zu diesem Thema 1970 ein vielbeachtetes, auch vielkritisiertes Buch über *Zufall und Notwendigkeit* veröffentlicht, in dem er die Ansicht vertritt, daß die Entwicklung der Symbolsprache, als spezifisch menschliche Evolutionsleistung, einerseits als ein weiterer Schritt in der Evolution des Lebendigen überhaupt betrachtet werden kann, andererseits aber gerade den Weg zu einer a n d e r e n Evolution öffnete, »die ein neues Reich entstehen ließ: das Reich der Kultur, der Ideen, der Erkenntnis«. Mit dem ersten Auftreten einer sprachlichen Verständigung zwischen den Mitgliedern einer tierischen Horde gewinnt diese einen unvergleichlichen Vorteil gegenüber den anderen: sie kann ihr Verhalten *als Gruppe* zielstrebig koordinieren, ohne daß die einzelnen Handlungen an die Gemeinsamkeit von Ort und Zeit gebunden wären; und es gehen die neuen Erfahrungen und schöpferischen Eingebungen des einzelnen Individuums nicht mehr mit diesem unter. Gerade das letztere hat zur Folge, daß die menschliche Gruppe ihr produktives Verhalten, durch das sie ihrer natürlichen Umwelt die Mittel zum Überleben abgewinnt, aufgrund neuer Ideen ändern kann, *ohne* daß dazu biologische Mutationen plus Zufallsauswahl erforderlich wären. MONOD: »Wenn eine Idee von einer Gruppe von Menschen angenommen wird und ihr mehr Zusammenhalt, mehr Zielstrebigkeit und mehr Selbstvertrauen vermittelt, dann verleiht sie ihr damit auch eine gesteigerte Expansionskraft, wodurch dann andererseits die Verbreitung der Idee gesichert wird. Der Verbreitungsgrad steht in keiner notwendigen Beziehung zu dem Anteil objektiver Wahrheit, den sie enthalten mag.«

Die *andere* Evolution, von der MONOD spricht, und die in der kulturellen Höherentwicklung der Menschheit von ihren primitiven Anfängen zu ihrem heute erreichten Stand zu sehen ist, stellt sich somit als ein *geistiger* Prozeß dar, der zwar auf der besonderen Struktur und Funktionsfähigkeit des menschlichen Gehirns beruht, jedoch mit den naturwissenschaftlichen Begriffen biologischer Art nicht auszuschöpfen ist. Das menschliche Gehirn ist aus dieser Sicht als ein sehr leistungsfähiger Simulator zu verstehen, der aufgrund vergangener Erfahrungen in der Lage ist, zukünftige Ereignisse und Handlungen durchzuspielen und dieses vorausdenkende Probehandeln aufgrund weiterer Erfahrungen ständig zu verfeinern und weiter der Realität anzupassen. Durch die sprachliche Verständigung und den Erwerb von geeigneten Symbolen ist das einzelne Individuum dabei nicht nur auf die eigenen Erfahrungen beschränkt, sondern jedes neugeborene Individuum übernimmt mit dem Erlernen der sprachlichen Symbole und den durch sie geleiteten Verhaltensmustern die Erfahrungen anderer, auch bereits verstorbener Mitglieder der kulturellen Gemeinschaft. Vielfältige Kenntnisse, Kniffe und Geschicklichkeiten sind so in jeder Kultur über Jahrhunderte und Jahrtausende zusammengekommen und machen in ihrer Gesamtheit das Überlebenspotential des Stammes, Volkes oder der Völkergemeinschaft aus. Dazu gehören sicherlich auch die Waffen und die Kampftechniken, durch die jede Gemeinschaft versucht, äußere Gefahren und Bedrohungen zu beantworten und sich zu behaupten. Aber es ist wohl auch sofort deutlich, daß diese kriegerischen Fähigkeiten einer Kultur deren Inhalt bei weitem nicht erschöpfen. Eine Kultur, so hat SIGMUND FREUD definiert, »umfaßt einerseits all das Wissen und Können, das die Menschen erworben haben, um die Kräfte der Natur zu beherrschen und ihr Güter zur Befriedigung der menschlichen Bedürfnisse abzugewinnen, anderseits alle die Einrichtungen, die notwendig sind, um die Beziehungen der Menschen zueinander, und besonders die Verteilung der erreichbaren Güter zu regeln« (1927). Es ist zunächst kaum einzusehen, weshalb sich die Menschen *inner*halb ihres Stammes oder Volkes gegeneinander feindselig verhalten sollten, wo doch an der kulturell geregelten Zusammenarbeit aller das Leben der einzelnen ebenso hängt wie das der Gruppe im ganzen.

Der seelisch »gesunde« Mensch wird sich nach den bisher angestellten Überlegungen durch Lernfähigkeit, sprachliche Mitteilungs- und Aufnahmefähigkeit, schöpferisch-spielerische Phantasie und Realitätsbezogenheit auszeichnen. Diese Merkmale stimmen ziemlich gut überein mit Untersuchungsergebnissen des amerikanischen Tiefenpsychologen ABRAHAM H. MASLOW, der zu den Mitbegründern der *Humanistic psychology* gehört. MASLOW (1968) schätzt allerdings, daß nur etwa ein Prozent der US-amerikanischen Bevölkerung im vollen Sinne als seelisch »gesund« angesehen werden kann. Bei den Personen, die er in diesem Sinne einstuft, fällt auf, daß sie weniger nach Sicherheit und Ruhe, nach Schlaf, Muße, Rückzug und Abhängigkeit, nach Schutz vor der Realität streben als nach Möglichkeiten, die in ihnen vorhandenen produktiven, schöpferischen Fähigkeiten zu verwirklichen. Bei ihnen stehen Bestrebungen im Vordergrund, sich im Umgang mit anderen Menschen zum Ausdruck zu bringen, sich im Handeln zu verwirklichen, den eigenen Wirkungskreis zu erweitern, die Wirklichkeit immer tiefer und umfassender zu begreifen, sich selbst und andere immer besser zu verstehen, sich ihnen mitzuteilen, immer liebesfähiger zu werden. Sie beeindrucken ferner durch das Fehlen neidischer, eifersüchtiger, ressentimenthafter, kleinlicher und feindseliger Regungen, obgleich sie durchaus imstande sind, ihre Ansprüche geltend zu machen und sich gegenüber Anfeindungen zu behaupten. Diese hohen und wertvollen Möglichkeiten des Menschseins sind nun allerdings von der Befriedigung der ›niederen‹ Bedürfnisse keineswegs unabhängig. MASLOW sagt: »Das höhere Bedürfnis nach der Verwirklichung besonderer Talente beruht ... auf der kontinuierlichen Befriedigung der Sicherheits-Bedürfnisse, die nicht verschwinden, auch wenn sie sich in einem inaktiven Zustand befinden. (Mit inaktiv meine ich den Zustand des Hungers nach einer guten Mahlzeit).«

BRECHT hat diesen Zusammenhang von niederen und höheren menschlichen Bedürfnissen durch den Satz ausgedrückt: Erst kommt das Fressen, dann kommt die Moral. Freilich hat er dies eher als *Aufforderung* gemeint, die kulturell auferlegte Disziplin und den Aufschub von Befriedigungen solange zu verweigern, wie die gesellschaftliche Organisation eine ausreichende Befriedigung grundlegender Bedürfnisse nicht für alle ihre Mitglieder gewährleistet. In diesem Aufruf steckt die Annahme, daß in einer neuorganisierten Gesellschaft mit mehr Gleichheit unter ihren Mitgliedern ein höheres Maß an gesicherter Befriedigung primärer Bedürfnisse für *alle* möglich sein würde. Zugleich aber zeigt der Charakter des Aufrufs, den jener Satz hat, daß BRECHT eine spontane Feindseligkeit der benachteiligten Klassen gegen die bestehenden Spielregeln (Moral) nicht für gegeben hält, sondern erst hervorrufen will. Diese Einschätzung unterscheidet ihn auf den ersten Blick von Aussagen FREUDS, in denen dieser eine intensive Feindseligkeit der zurückgesetzten Klassen gegen die

Kultur feststellt. Bei genauerem Hinsehen zeigt sich jedoch, daß beide Ansichten miteinander verträglich sind. FREUD meint nämlich, daß die Unterdrückten sich in der Regel mit der sie beherrschenden und ausbeutenden Klasse identifizieren und ihre Feindseligkeit wie diese »von oben nach unten« wirksam werden lassen, d. h. gegen Schwächere oder Fremde: »Nicht nur die bevorzugten Klassen, welche die Wohltaten dieser Kultur genießen, sondern auch die Unterdrückten können an ihr Anteil haben, indem die Berechtigung, die Außenstehenden zu verachten, sie für die Beeinträchtigung in ihrem eigenen Kreis entschädigt. Man ist zwar ein elender, von Schulden und Kriegsdiensten geplagter Plebejer, aber dafür ist man Römer, hat seinen Anteil an der Aufgabe, andere Nationen zu beherrschen und ihnen Gesetze vorzuschreiben.« (1927)

Unterdrückung, Benachteiligung, Feindseligkeit, Klassengesellschaft, Identifikation mit den Mächtigen, Fremdenhaß – wir sind in der Gegenwart angelangt und stellen fest, daß die Menschheit nicht mehr aus einem übersichtlichen Dutzend sogenannter Urhorden besteht, sondern auf fünf Milliarden Köpfe angewachsen ist, die zwar in knapp 200 Nationen zusammengefaßt sind, welche aber untereinander und innerlich vielfach zerstritten, verfeindet, mißtrauisch und durch Zwang bestimmt sind. Die Vorteile der Zusammenarbeit sind zwar immer noch die gleichen, aber Zusammenarbeit auf freiwilliger Basis setzt wahrscheinlich persönliche Bekanntheit und Zusammengehörigkeitsgefühl voraus, sie funktioniert nicht automatisch gegenüber Fremden, die nicht »dazugehören«. Fremdheit aber wird unvermeidlich, wenn die Zahl der Menschen den persönlichen Wirkungsradius des einzelnen übersteigt. Immer noch gibt es in der Menschheit von heute Gruppen, die durch sprachliche Verständigung ein hohes Maß innerer Bekanntschaft verwirklichen und die ihr Handeln als Gruppe zum Vorteil der daran Beteiligten absprechen und organisieren. Die darin zum Ausdruck kommende Menschlichkeit hängt nur eben an der Gemeinsamkeit der Sprache, und deshalb nimmt sie schnell ab, wenn der andere ›nicht mit sich reden läßt‹. Das gilt nicht nur zwischen Nationen, in denen verschiedene Sprachen gesprochen werden, schon zwischen den Angehörigen verschiedener sozialer Schichten und Kreise innerhalb eines Volkes schneidet derjenige schlecht ab, der die übliche Bedeutung der benutzten Symbole nicht genau

kennt und die anderen dadurch »befremdet«. Mißtrauen stellt
sich auch leicht gegenüber Personen ein, die verschiedenen
Gruppen und Kulturkreisen gleichzeitig angehören, so daß ihre
soziale Identität nicht eindeutig und ihre Zuverlässigkeit aus der
Sicht der jeweiligen Gruppe fraglich ist. Man denke nur an das
Schicksal der Juden in der Welt.

Unsere Suche nach den Merkmalen seelisch ›gesunder‹ Menschen erweist sich im Blick auf die heutige Menschheit als ein
weitverzweigtes Problem, dessen Bezüge weit über die bloß biologische Bestimmung irgendwelcher körperlichen Eigenschaften
hinausreichen. Im medizinischen Sinne meint Gesundheit
ebenso wie Krankheit Zustände oder Vorgänge im Inneren des
Organismus. Gesundheit wird im allgemeinen als Symptomfrei-
heit und körperlich-geistige Leistungsfähigkeit definiert. Seelische »Gesundheit« aber stellt sich demgegenüber als ein Begriff
dar, dessen nähere Bestimmung Aussagen über die Art der Beziehungen verlangt, in denen ein Mensch zu seiner sozialen Umwelt lebt. Weil er als Einzelwesen zunächst völlig überlebensun-
fähig ist und auch nur mit Hilfe anderer erwachsen werden kann,
d. h. die zum Überleben und zur Aufzucht von Nachwuchs erforderlichen Kenntnisse und Geschicklichkeiten erwerben kann
– deshalb bezeichnet seelische »Gesundheit« eigentlich viel eher
den Zustand und das Funktionieren menschlicher Gruppen, als
das Verhalten von einzelnen. FREUDS Bestimmung, wonach der
Gesunde arbeiten und lieben kann, bedeutet dann, daß in funktionierenden menschlichen Gruppen die Mitglieder füreinander
Gefühle der Sympathie hegen und jeder die Bedürfnisse der anderen so wichtig nimmt, wie diese anderen die seinen berücksichtigen. Die wechselseitige und arbeitsteilige Befriedigung dieser allen gemeinsamen Bedürfnisse enthält dann zugleich, daß die
arbeitsame Anstrengung des einzelnen seinem eigenen Vorteil
ebenso dient wie dem des sozialen Systems, dem er sich einfügt.
Der Heranwachsende ist bei seinem Tun zunächst auf die Anlei-
tung und das Vorbild der Älteren angewiesen, deren Wissen und
Können ihrerseits wieder von den Vorfahren erlernt und übernommen wurde. Meist sind die Gebote und Regeln, durch die das
Zusammenleben der Gruppe und ihr Überleben in der Natur organisiert werden, den Mitgliedern heilig, sind sie in ein religiöses
Weltschema eingebettet, und ihre Übertretung oder Nichtbe-
achtung wird bestraft. Die wirkungsvollste Strafe gegenüber de-

nen, die noch von der Fürsorge der Älteren und Eltern abhängen, ist dabei der angedrohte oder vollzogene Beziehungsabbruch (Ächtung, Verbannung, Aussperrung, Verstoßung), was im äußersten Fall den Verlust des Lebens einschließt. Der durch diese Möglichkeit in der Regel erzeugte Gehorsam reicht deshalb bis tief in die biologische Substanz des einzelnen hinein. Sprache, Verhaltensgewohnheiten (Charakter) und körperliches Befinden des Menschen stehen in einem viel engeren Zusammenhang als man gemeinhin annimmt.

Die feste Verankerung der Gruppenmoral, der Kultur einer Gruppe in der Persönlichkeitsstruktur ihrer Mitglieder gewährleistet, daß die als lebensdienlich erprobten Formen des Zusammenwirkens trotz des Wechsels der Generationen erhalten bleiben. Insofern kann man in bezug auf die einzelnen Mitglieder von seelischer Gesundheit sprechen, wenn sie sich das vorgefundene Wissen und Können tatkräftig lernend aneignen und damit die Bemühungen ihrer Erzieher in erfreulicher Weise belohnen. Der Gehorsam gegenüber der Autorität der Älteren, Erfahreneren und gegenüber den Traditionen der Gruppe findet seine rationale Begründung an den Vorteilen, die er letztlich allen Beteiligten einbringt. Aber Gehorsam ist nur ein Teil seelischer Funktionstüchtigkeit. Daneben muß die Bereitschaft treten und die Fähigkeit entwickelt werden, über die Grenzen der eigenen Gruppe hinauszusehen, deren Lebensformen und -techniken mit anderen zu vergleichen, sie zu relativieren und die eigene Herkunftsgruppe als Teil der größeren Gemeinschaft zu begreifen lernen, die wir als Menschheit bezeichnen. ALFRED ADLER hat diese Loslösung von den Sitten und Gebräuchen, den Konventionen und Denkgewohnheiten der Familie, des Stammes und der sozialen Schicht, aus der man kommt, für so entscheidend wichtig gehalten, daß er sie als eigenen Gesichtspunkt in seine Bestimmung seelischer Gesundheit aufgenommen hat. Jeder Mensch steht für ihn vor den drei großen Lebensaufgaben: Arbeit, Liebe und Gemeinschaft. Die dritte Aufgabe ist dabei sogar die schwierigste, weil sie vom Menschen verlangt, sich von der äußeren und inneren Bindung an die mächtigen Autoritäten seiner Kindheit und Jugend zu lösen und die Verantwortung für sein Leben und für das aller anderen nunmehr selbst zu übernehmen. Je autoritärer ein Mensch erzogen worden ist, desto weniger wird er dazu imstande sein.

Das gesellschaftliche Problem, das die autoritär erzogene Persönlichkeit darstellt, liegt in ihrer zwanghaften inneren und äußeren Unterwürfigkeit unter alle Formen von Autorität. Sie ist durch die tiefe Angst bedingt, die in der Kindheit solcher Menschen im Umgang mit Eltern, Lehrern, Lehrherren, Pfarrern und anderen Autoritätspersonen durchlebt worden ist. Die autoritäre Persönlichkeit hält in der Abwehr dieser Angst an allen Denk- und Verhaltensmustern starrsinnig fest, die ihr in der Kindheit als wahr und richtig eingebleut wurden, und sie hofft, durch diesen blinden Gehorsam und die unbedingte Unterwürfigkeit das Wohlwollen auch der neuen Autoritäten zu gewinnen oder sich zu erhalten, die im späteren Leben an die Stelle der Eltern und Lehrer treten, seien dies nun einzelne Personen, die als Führer verehrt werden, oder abstrakte Mächte wie Gott, die Vorsehung, die Rasse oder die Mehrheit. Der autoritäre Charakter lebt mit dem Entschluß, auf seine geistige und persönliche Selbständigkeit und sogar auf seine Würde zu verzichten, weil er sich zu schwach fühlt, die in der Kindheit zunächst unbewußt und unreflektiert übernommenen Denkgewohnheiten, Einstellungen und Überzeugungen am eigenen, freien Erleben zu überprüfen und eventuell in Frage zu stellen. Er versagt vor der Aufgabe, aus seiner »selbstverschuldeten Unmündigkeit herauszutreten« (KANT), oder wie FREUD dies formuliert, seine ödipale Mutterbindung zu überwinden. Seine Neurose, seine seelische Krankheit liegt in dem Verzicht, sich zu einer freien, selbständigen Person zu emanzipieren. Insofern zitiert RATTNER (1975) mit Recht den Satz: »Alle Neurotiker sind Hörige ihrer Familie.« Den Gegensatz hat ERICH FROMM (1963) durch den Begriff des »revolutionären Charakters« zu bestimmen versucht.

Der revolutionäre Mensch zeichnet sich in der Sicht FROMMS durch die Fähigkeit und den Mut aus, gegenüber den Forderungen von Autoritäten nein sagen zu können. Dies ist nicht im Sinne des Querulanten oder Rebells zu verstehen, die gegen jede Autorität aufmucken, nur weil es sich um eine Autorität handelt. Der rebellische Mensch ruft zudem erst dort zum Sturz der Obrigkeit auf, wo er sich bereits im Schutz einer noch stärkeren weiß oder wähnt, so daß sein Tun nicht einmal mutig genannt werden kann. Der Ungehorsam des revolutionären Charakters ist demgegenüber dialektischer Art, weil er sich durchaus mit Gehorsam gegenüber den Ansprüchen und Interessen der Menschheit als ganzer verträgt. Die Interessen der Menschheit sind allerdings nicht leicht zu bestimmen, weil ein vielstimmiger, dissonanter Chor von Menschheitsführern zu uns spricht und sich dabei ununterbrochen widerspricht. Der Ungehorsam des revolutionären Menschen liegt nun darin, daß er sich keinem dieser an ihn gestellten Ansprüche blindlings unterwirft, sondern den Zweifel und die kritische Selbstbesinnung zum Prinzip seines Denkens und Handelns macht. Dies ist nicht als ein Zustand, sondern als ein Prozeß zu sehen. Revolutionär sein im Sinne ERICH FROMMS heißt, sich nacheinander freizumachen von der geistigen und materiellen Macht, die zunächst Vater und Mutter, später dann gesellschaftliche und geistige Autoritäten über uns ausüben, der Staat, die Klasse, die Rasse, die Partei oder die Religion. »Die Mehrheit«, so schränkt er allerdings ein, »hatte natürlich nie einen revolutionären Charakter. Daß wir nicht mehr in Höhlen leben, liegt einfach daran, daß es in der Geschichte der Menschheit immer genügend revolutionäre Charaktere gegeben hat, die uns aus den Höhlen und dem, was ihnen entspricht, herausgeholt haben.« Das Bestreben des »revolutionären Charakters«, sich von den Denkgewohnheiten und Bindungen an seine engere Umgebung zu emanzipieren, hat seine tiefe Berechtigung und Vernunft an dem Umstand, daß die verschiedenen Gruppen und Gruppen aus Gruppen (Gesellschaften), in die die Menschheit durch ihr zahlenmäßiges Anwachsen auseinandergetreten ist, nicht automatisch in Harmonie zueinander leben. Zusammenarbeit und Solidarität hat es stets nur *inner*halb menschlicher Gruppen gegeben. Weil aber Zusammenarbeit auf der Basis sprachlicher Verständigung das Prinzip darstellt, durch das die menschliche Gruppe sich von allen anderen Arten von Lebewesen unterscheidet und durch das sie zugleich ihre qualitative Überlegenheit besitzt, deshalb wirft es regelmäßig großen Gewinn ab, wenn die Zusammenarbeit über die Grenzen der eigenen Gruppe hinweg auf andere Gruppen ausgedehnt werden kann. Wo in der Geschichte bisher, so stellt HOMANS (1950) fest, »Kooperation in einem großen Umfang erzielt werden konnte, ... machte sich diese durch erhöhte Beherrschung einer reichen Natur sehr bezahlt«. Die Frage ist nur, wo wir die Menschen finden oder wie wir die Zahl der Menschen vergrößern können, die jenen offenbar seltenen Mut besitzen, das Freund-Feind-Denken in Zweifel zu ziehen und sich den Mächtigen zu verweigern, wenn diese zu den Waffen rufen.

»Gesund« im seelischen Sinne ist, wer die Bedürfnisse der Mitmenschen in sein Denken und Handeln einbezieht und jenes neurotische Konkurrenzdenken vermeidet, bei dem der Vorteil des andern stets als mein Nachteil erscheint. FREUDS Bestimmung der menschlichen Natur als »wölfisch« oder »bestialisch« ist deshalb als Beschreibung der neurotisch erkrankten Persönlichkeit aufzufassen – wobei der Vergleich wahrscheinlich den Wölfen noch dazu unrecht tut. Die Bedürfnisse der anderen so wichtig zu nehmen wie die eigenen und ihnen von sich abzugeben, das ist nur Umschreibung für die Liebesfähigkeit eines Menschen. Denn Liebe ist eine Aktivität, kein passives Nehmen oder Empfangen. Das entfaltete Sozialinteresse des liebesfähigen Menschen, sein Gemeinschaftsgefühl, seine mitmenschliche Verbundenheit motivieren ihn, den anderen von sich selbst zu geben, sein Leben mit ihnen zu teilen, nicht, indem er sich opfert, sondern indem er ihnen seine Freude, sein Interesse, sein Verständnis, sein Wissen, seinen Humor und auch seine Traurigkeit gibt. »Er gibt nicht«, sagt FROMM (1956), »um etwas dafür zu empfangen; aber durch sein Geben kann er nicht vermeiden, im anderen etwas zum Leben zu erwecken, das wiederum auf ihn zurückwirkt.« Aber die »Kunst des Liebens« ist die Ausübung einer menschlichen Macht, die nur in Freiheit ausgeübt werden kann und niemals das Ergebnis eines Zwanges ist. Sie erwächst nur in menschlichen Gruppen, die darauf verzichten können, Kooperation durch Gewalt zu erzwingen, weil das Maß der gegenseitigen Förderung allen den Vorteil der eigenen Beitragsleistung zur lebendigen Erfahrung macht. Menschen, die in solchen gut funktionierenden Gruppen aufwachsen, sind spontan geneigt, in allen anderen Mitmenschen mögliche Helfer und Mitarbeiter zu vermuten. Wo dagegen in menschlichen Gruppen die Seuche des Machtdenkens grassiert und es ein Unglück bedeutet, schwach zu sein, da befindet sich die Kultur jedesmal auf dem Rückzug, es breitet sich Mißtrauen aus und die Tendenz, sich auf sich selbst zurückzuziehen, weil die andern als Feinde erlebt werden. Treffen dann Menschen oder Gruppen mit solchen wechselseitigen Feindseligkeitserwartungen zusammen, so erweisen sich diese Erwartungen meist als »sich selbst erfüllende Prophezeiungen« *(selffulfilling prophecies)*. Krieg aber ist das

Gegenteil von Kooperation. Wo diese Werte schafft, werden durch jenen immense Werte vernichtet.

Liebesfähigkeit als ein Bestreben, das zur gegenseitigen Förderung auf der Basis freiwilliger Zusammenarbeit führt und das zur Wirkung hat, daß das mitmenschliche Interesse des einzelnen sich über seinen engeren Kreis erweitert und die Höherentwicklung der Menschheit zu seinem Anliegen macht – das wäre ungefähr der Maßstab, um die seelische Gesundheit des einzelnen und seiner Gemeinschaft einzuschätzen. »Alle sozialen Bewegungen, seien es Bewegungen einer Partei, einer Nation oder einer Klasse, sollten nur danach beurteilt werden, wie groß ihre Fähigkeit ist, das Interesse an unseren Mitmenschen zu fördern. Es gibt viele Wege, um bei der Steigerung der Kooperation Hilfen zu geben; vielleicht sind die einen besser, die andern schlechter, aber wenn das Ziel der Kooperation gewährleistet ist, ist es unnütz, eine Methode anzugreifen, weil sie vielleicht nicht die beste ist.« ALFRED ADLER, der dies 1931 feststellte, war der Ansicht, daß die Individualpsychologie bei der Förderung menschlicher Kooperationsfähigkeit einen wichtigen Beitrag zu leisten vermag, indem sie vor allem die Erziehung zur Gemeinschaftsfähigkeit ins Zentrum ihrer Praxis und Theorie gestellt hat. Wir wollen deshalb im letzten Abschnitt darstellen, wie und warum eine an die Individualpsychologie und ADLER anknüpfende Praxis der Großgruppentherapie sinnvoll und wichtig ist.

Literatur

1 ADLER, ALFRED, What Life Should Mean to You, 1931, New York 14. Aufl. 1958.
2 *ders.*, Der Sinn des Lebens, Wien/Leipzig 1933.
3 ADORNO, TH. W., Der autoritäre Charakter, Bd. 2, Amsterdam 1969, bes. S. 419–423.
4 ALLPORT, GORDON W., Werden der Persönlichkeit, München 1974, (Kindler Tb. 2127), bes. S. 80–84.
5 BENEDICT, RUTH, Urformen der Kultur, 1934, Hamburg 1957.
6 DAHRENDORF, RALF, Über den Ursprung der Ungleichheit unter den Menschen, 1961, Tübingen 1966.
7 DARWIN, CHARLES, Die Abstammung des Menschen, 1871, Stgt. 1966.
8 FREUD, SIGMUND, Die Zukunft einer Illusion, 1927, *GW* XIV, Frankfurt/M. 1968.

9 *ders.*, Das Unbehagen in der Kultur, 1930, *GW* XIV, Frankfurt/M. 1968.

10 *ders.*, Die endliche und die unendliche Analyse, 1937, *GW* XVI, Frankfurt/M. 1968.

11 FROMM, ERICH, Die gesellschaftliche Bedingtheit der psychoanalytischen Therapie, 1935, In: *Ztschr. f. Soz'frschg.*, IV. Jg., S. 365–397.

12 *ders.;* Psychoanalyse und Ethik, 1947, Zürich 1954, bes. S. 228–255.

13 *ders.;* Der revolutionäre Charakter, in: *Das Christusdogma und andere Essays*, München 1963.

14 MASLOW, ABRAHAM H. Psychologie des Seins, 1968, München 1973, bes. S. 151–178.

15 MEAD, MARGARET, Mann und Weib, 1949, Hamburg 1959.

16 MONOD, JACQUES, Zufall und Notwendigkeit, 1970, München 1975, dtv 1069.

17 PARSONS, TALCOTT, The Definitions of Health and Illness in the Light of American Values and Social Structure, 1958, In: GARTLY E. JACO (Hrsg.), *Patients, Physicians, and Illness*, Glencoe/Ill., 1958.

18 RATTNER, JOSEF, Tiefenpsychologie und Ethik, Berlin 1975, (hekt. Manuskr.).

19 SZCZESNY, GERHARD, Die Zukunft des Unglaubens, München 1965, bes. S. 124–143.

20 WILDE, OSCAR, Der Sozialismus und die Seele des Menschen, 1891, Zürich 1970.

5. Mensch und Gruppe

Die enge Verbindung von Individualpsychologie und Soziologie ist von ADLER selbst nachdrücklich betont worden (1). Er hielt es für unmöglich, einen Menschen in charakterlicher Hinsicht gerecht und angemessen zu beurteilen, *ohne* dessen äußere Lebensumstände zu kennen und die Aufgaben, die sich daraus für ihn ergeben. Diese Aufgaben scheinen zunächst höchst individuell und verschieden zu sein, jedoch eröffnet die nähere Bekanntschaft mit einer Vielzahl von Lebensläufen dem inneren Auge auffallende Ähnlichkeiten. Das ist kein Zufall, sondern findet seine Erklärung in der Tatsache, daß die äußeren Lebensbedingungen auf diesem Planeten für alle Menschengruppen mehr oder weniger gleich sind. Überall und zu allen Zeiten war und ist es notwendig, für den Lebensunterhalt zu sorgen und sich um den Nachwuchs zu kümmern. Hierzu müssen die Menschen zum einen arbeiten, produzieren, und diese Arbeit dabei untereinander aufteilen und koordinieren. Zum anderen müssen die Kinder sozialisiert werden, d. h. versorgt und auf ihre späteren Aufgaben im Leben vorbereitet werden. Beide Bereiche menschlicher Tätigkeit sind als gleich wichtig zu betrachten. Ohne ausreichende und organisierte Produktion wäre eine Gemeinschaft auf das zufällige Nahrungsangebot der umgebenden Natur angewiesen und den verschiedenen Gefahren schutzlos preisgegeben, wie sie aus der Natur oder durch andere menschliche Gruppen drohen. Ebenso wird aber der Fortbestand eines Gemeinwesens bedroht, wenn die Sorge für den Nachwuchs vernachlässigt und die Erziehungsarbeit nur mangelhaft geleistet wird, weil die Heranwachsenden dann nur unzureichend gerüstet sind, um die Pflichten und Verantwortlichkeiten, die das Erwachsenenalter kennzeichnen, zu übernehmen. ADLER hat diesen Zusammenhang von Sozialisation und Produktion immer hervorgehoben, wenn er die mangelhafte Beitragsleistung des Nervösen als das hauptsächliche und ärgerlichste Merkmal der Neurose bezeichnete.

Praktisch überall auf der Erde erfolgt die Sozialisation des Nachwuchses primär in der Familie. Von einer vollständigen Familie wird im Minimum gesprochen, wenn sie altersmäßig aus

Angehörigen zweier Generationen zusammengesetzt ist, wenn beide Geschlechter in ihr vertreten sind und wenn vor allem zwischen den erwachsenen Mitgliedern ein gewisses Maß an friedlicher Kooperation stattfindet. Die friedliche Zusammenarbeit ist für die Sozialisation der Kinder bedeutsam, weil diese in der Regel als beispielhaft erleben, was ihnen an Formen menschlicher Wechselwirkung in der Familie zuerst begegnet. Diese grundlegenden Erfahrungen werden zu festsitzenden Erwartungen von Feindseligkeit oder Freundlichkeit verarbeitet und von den Kindern an alle späteren außerfamilialen Bezugspersonen herangetragen. Wo die Erwartung von Feindseligkeit oder Ablehnung überwiegt, wird der Kontakt zur außerfamilialen Umwelt gering sein und soweit wie möglich vermieden werden. Die ausgebildeten Erwartungen sind allerdings subjektiver Art und können recht weit von einer realistischen Einschätzung zwischenmenschlicher Beziehungen entfernt sein. Es muß keineswegs immer die tatsächliche Feindseligkeit im größeren Kreise sein, die ein Kind in der Familie zurückhält; allzu häufig ist es vielmehr das Klima der Verwöhnung innerhalb der Familie, das den Aufbau weltfremder Erwartungshaltungen bewirkt und so die Eingliederung in Spielgruppe, Schule und Arbeitswelt schwierig werden läßt. Verwöhnung und Vernachlässigung sind die beiden Pole, zwischen denen die Erziehung in der Familie hindurchsteuern muß, damit die Kinder auf spätere Beitragsleistungen innerhalb der größeren Gemeinschaft realistisch vorbereitet sind (2).

Es dürfte nun mit der Trennung von Arbeitswelt einerseits, Wohn- und Freizeitbereich andererseits zusammenhängen, daß Verwöhnung ebenso wie Vernachlässigung der Kinder zu einem hervorragenden psychologischen und pädagogischen Problem geworden sind. Wo die Kinder frühzeitig zur Mitarbeit herangezogen werden, wie dies in der mittelalterlichen Hausgenossenschaft der Fall war, weil sie noch Arbeits- und Lebensgemeinschaft zugleich darstellt, da bietet sich für weltfremde Verzärtelung und Verwöhnung wenig Gelegenheit; da wird aber auch der Vernachlässigung und Verwahrlosung durch das Motiv entgegengewirkt, daß der Nachwuchs später die Altersversorgung der Eltern unmittelbar leisten soll und deshalb zu Arbeit und gegenseitiger Hilfeleistung erzogen werden muß. Dieser Rückblick auf mittelalterliche Zeiten, wie sie in den Agrargesellschaften der Erde heute noch teilweise andauern, soll nicht als Nostalgie mißverstanden werden, als Sehnsucht nach rückwärts. Dazu bieten die Enge der damaligen Lebenswelt und die persönliche Unfreiheit des einzelnen wenig Anlaß. Aber es ist zu fragen, ob nicht die Änderung der gesellschaftlichen Produktionsordnung, wie sie die kapitalistische Entwicklung seit mehr als 150 Jahren mit sich gebracht hat, tiefgreifende und gefährliche Nebenwirkungen auf den Bereich der Sozialisation ausübt, Wirkungen, die nicht angemessen erfaßt werden, wenn sie nur als charakterliche Schwierigkeit des einzelnen Patienten in der psychotherapeutischen Praxis wahrgenommen und interpretiert werden.

Wo Kinder in der mittelalterlichen Gesellschaft und in den Agrargesellschaften der Gegenwart frühzeitig zur Beitragsleistung herangezogen werden und dadurch für die Gemeinschaft von Nutzen sind, da sind umgekehrt Kinder in der Industriegesellschaft zunächst und für viele Jahre ein Kostenfaktor. Und dies in mehrfacher Hinsicht: Die Ausbildung der Heranwachsenden fällt in den produktiven Fertigkeiten nicht etwa als Nebenergebnis ihrer Hereinnahme in den Arbeitsprozeß an, sondern belastet den Familienetat durch Ausbildungs- und Unterhaltszahlungen, die um so länger zu leisten sind, je qualifizierter der Nachwuchs ausgebildet wird. Sodann stellen diese Aufwendungen der Eltern nicht mehr zugleich Einzahlungen in deren eigene Altersversicherung dar, sondern diese Einzahlungen müssen daneben und zusätzlich aufgebracht werden, weil die herangewachsenen Kinder nur noch selten für den Lebensunterhalt der Alten direkt sorgen. Ferner wird der Familienetat durch Kinder belastet, wenn die Mutter zu deren Betreuung darauf verzichtet, weiter berufstätig zu sein und ein eigenes Einkommen zu beziehen. Ist die Mutter außerdem ehrgeizig und erlebt sie die Unterbrechung ihrer beruflichen Laufbahn als soziale Herabstufung, dann werden die Kinder häufig zum Identifikationsobjekt, das den sozialen Aufstieg *stellvertretend* für die Mutter und als Kompensation des von ihr geleisteten Verzichts vollbringen soll. Wo dagegen die Mutter trotz der Ankunft von Kindern weiterarbeitet, weil das Einkommen des Vaters für die Familie nicht ausreicht oder weil *sie* nicht bereit ist, eine erfolgversprechende Karriere zu unterbrechen, da droht den Kindern statt der Überbürdung mit mütterlichen Erwartungen umgekehrt die Gefahr der Vernachlässigung. Mit anderen Worten: in einer Gesellschaft, in der Erfolg und sozialer Status weitgehend über das finanzielle Einkommen erworben und bestimmt werden, und in der Kinder zugleich als Kostenfaktor schmälernd auf das verfügbare Einkommen wirken – da können es sich eigentlich nur noch reiche Leute wirklich »leisten« Kinder zu bekommen und großzuziehen.

Für die Mehrheit der kleinen und mittleren Einkommensbezieher wirken sich Kinder unter den heute gegebenen gesellschaftlichen Bedingungen nicht mehr als »Segen«, sondern als Belastung aus. Ein anderer Ausdruck für Belastung heißt Frustration, und in der Tat sind in der konsumorientierten Konkurrenzgesellschaft viele Eltern, wenn auch nicht *allein* durch die Kinder, so doch *auch* durch die Existenz von Kindern frustriert, und besonders für viele Mütter trifft dies zu. Sie erleben es als Ausbeutung ihrer Person und Schmälerung ihrer Lebenschancen, wenn sie durch die Ankunft von Kindern bei gleichzeitigem Fehlen von Großmüttern, Tanten und Dienstboten auf die Hausfrauen- und Mutterrolle beschränkt werden. Ohne eigenes Einkommen; ohne gesellschaftliche Beziehungen, wie sie sich aus der Berufstätigkeit mehr oder weniger ergeben; ohne wirkliche Auslastung ihrer intellektuellen Fähigkeiten und ihrer persönlichen Kapazitäten – unter diesen verschiedenen Entbehrungen neigen die lebhafteren und freieren unter den Frauen erst zur Rebellion gegen den Ehemann, viele dann aber zur Verneinung der althergebrachten Rollenverteilung zwischen Mann und Frau überhaupt, während die ängstlicheren und abhängigeren ihrer Geschlechtsgenossinnen den dumpf empfundenen Protestwunsch als psychosomatische Beschwerde artikulieren. Der amerikanische Sozialpsychologe GEORGE C. HOMANS meint, indem er auf die Scheidungsquote von 25 % in den USA hinweist, daß die Hausfrau und Mutter nicht unbedingt einen *aussichtsreicheren* Beruf haben will, sie will heute nur einen *anderen* Beruf haben (3). Der Familie sind nämlich im Zuge der industriellen Entwicklung so viele ihrer Funktionen abhanden gekommen, daß in der Soziologie das Schlagwort vom »Funktionsverlust der Familie« aufkommen konnte. Für die Ehe von Mann und Frau bedeutet dies, daß den Partnern viele Gemeinsamkeiten der werktäglichen Lebensführung genommen sind, durch die ihre Verbindung vormals über Stimmungsschwankungen und das

Nachlassen der Verliebtheit hinweg dauerhaft war. Die Kleinfamilie von heute stellt kaum mehr eine Lebensgemeinschaft dar, in der und durch die die großen Lebensbedürfnisse ihrer Mitglieder befriedigt werden: die Produktion ist bis auf Reste räumlich ausgegliedert; die Erziehung des Nachwuchses beschränkt sich auf die ersten fünf, sechs Lebensjahre, dann tritt die Schule in den Vordergrund; die Alten leben meist mürrisch und allein in ihren oft zu großen Wohnungen von der Rente, oder sie werden in staatliche Altersheime abgeschoben; und der Rest an Hausarbeit – Kochen, Nähen, Waschen – wird durch Maschinen immer mehr erleichtert, so daß eine aktive und organisationsfähige Hausfrau dadurch allein nicht mehr ausgefüllt wird. Die Unzufriedenheit aller Beteiligten entlädt sich in seelischen Konflikten, häuslichem Unfrieden und in verschiedenen psychosomatischen Leiden.

Die kapitalistische Entwicklung als zivilisatorischer Prozeß, der vor dreihundert, vierhundert Jahren begonnen hat, kann interpretiert werden als eine zunehmende Auflösung des Verwandtschaftssystems. Die Sippe, der Clan, der Stamm oder die Hausgenossenschaft haben in aller bisherigen Geschichte den einzelnen materiell getragen und emotional unterhalten. Heute aber sind zahlreiche Lebens-Funktionen dieser Gruppen in Form von Großunternehmungen, Verwaltungsbürokratien, Gesundheits- und Versicherungssystemen organisiert, die zwar technisch sehr effizient arbeiten, dem einzelnen jedoch nicht länger den emotionalen menschlichen Rückhalt verschaffen, wie er ihn in der funktionierenden Lebensgemeinschaft des Stammes oder Dorfes gehabt hat. Das Industriesystem seinerseits hat trotz aller Bemühungen um die *Human Relations* bisher darin versagt, einen gleichwertigen Ersatz für diesen Verlust menschlicher Verbundenheit ins Leben zu rufen. Die Auswirkungen des familialen Schrumpfungsprozesses sind unter Stichworten wie Vermassung, Entfremdung, Atomisierung, Anomie, Kulturkrise, Furcht vor der Freiheit, usw. Gegenstand soziologischen und kulturphilosophischen Händeringens geworden. Gegenseitige Entfremdung der Menschen in der Arbeitswelt und im öffentlich-politischen Raum auf der einen Seite, und Über-Emotionalisierung der Beziehungen in Partnerschaft, Ehe und Kleinfamilie auf der anderen, sind beides Auswirkungen jenes Vorgangs. Der sozial isolierte Mensch und auch schon der sozial bloß verarmte ist psychisch deformiert. Er zeigt Störungen in seinem Verhalten, seinen Gefühlen, seinen Gedanken, und ist häufig auch psychosomatisch krank. Seine Fähigkeit ist gering, angesichts von Belastungen das Gleichgewicht seiner Persönlichkeit aufrecht zu erhalten. Zur seelischen Stabilität würde nämlich gehören, daß er voll anerkanntes Mitglied einer bestimmten Gruppe ist, einer größeren Familie etwa, eines Freundeskreises oder einer Kollegengruppe. Oder er muß wenigstens die *Möglichkeit* haben, sich einer sozialen Gruppe anzuschließen. Das ist aber nicht nur eine Frage des *Auffindens* einer geeigneten Gruppe, sondern ebenso Frage der *Fähigkeit*, zu anderen Männern und Frauen leicht Beziehungen herzustellen. Diese Fähigkeit wiederum ist nicht angeboren, sondern sie muß innerhalb einer funktionierenden menschlichen Gruppe eingeübt worden sein. Hierfür reicht der Erfahrungshorizont der Kleinfamilie allein nicht aus, weshalb ein Kind nicht allzu lange in der Familie hockenbleiben darf. Mit dem Älterwerden soll es den Anschluß an eine Gruppe von Gleichaltrigen gewinnen, um nach der Beziehung zu überlegenen Autoritäten auch die Beziehung zu ungefähr Gleichen einzuüben. Sind jedoch die Eltern frustriert und hilflos, und sind deshalb ihre Beziehungen untereinander konflikthaft und feindselig; sind darüber hinaus auch noch ihre sozialen Verbindungen zu Nachbarschaft, Verwandtschaft und Kollegenkreis unzureichend oder gar feindselig getönt, dann bieten diese Umstände den Kindern kein soziales Trainingsfeld dar, um die Fähigkeit der Kontaktaufnahme zu anderen Menschen und Gruppen einzuüben. »Die Familie«, so fürchtet HOMANS, »bringt heute vielleicht Männer und Frauen hervor, die ihrerseits noch weniger als ihre Eltern in der Lage sein werden, seelisch gesunde Kinder großzuziehen.« (3)

Das Schrumpfen der menschlichen Gruppe, welche über Jahrtausende Arbeits- und Lebensgemeinschaft zugleich war, auf den Restbestand der modernen Kleinfamilie (und darüber hinaus) wird von der Mehrzahl der Menschen nicht nur als Befreiung aus alten und zu eng gewordenen Bindungen begrüßt. Besonders in Zeiten der wirtschaftlichen Unsicherheit und Krise, wie sie mit dem kapitalistischen Wirtschaften doch immer noch und immer wieder verbunden sind, löst die »Freiheit von« bei den Menschen eher Furcht aus, worauf ERICH FROMM 1941 eindrücklich hingewiesen hat (4). Der auf sich gestellte einzelne fühlt sich in einer als fremd und feindselig erlebten Umwelt ohnmächtig und findet an der bis auf ihren unverzichtbaren Kern abgeschmolzenen Familie keinen befriedigenden Halt. Je schwächer und bedrohter er sich fühlt, desto verzweifelter bemüht er sich um Anschluß an eine starke, schutzbietende Macht, deren Massenhaftigkeit ihm Sicherheit und soziale Orientierung verspricht. Jede religiöse Sekte, jede revolutionäre Bewegung, jeder neue Nationalismus lebt von der Hoffnung der Anhänger, darin eine neue Brüderlichkeit zu finden. Und die meisten dieser Bewegungen bieten dem dumpfen Gefühl des Bedrohtseins eine Abhilfe, indem sie durch die Definition eines Gegners, Feindes oder Antichristen der frustrierten Aggressivität ihrer Anhänger ein Ziel liefern, an dem diese sich, wenn auch vergeblich, abarbeiten können. Der massenhafte und erstaunlich freiwillige Zulauf, den die autoritären gesellschaftlichen Bewegungen seit dem Ende des 18. Jahrhunderts in Europa und anderswo gefunden haben und weiter finden, zeigt die Größenordnung des Problems, vor dem wir hier stehen. Vor einem Problem stehen heißt aber, vor einer Aufgabe stehen und vor der Frage, welchen Beitrag Psychotherapeuten, Psychologen und Erzieher zur Lösung dieser Aufgabe leisten können. Diese Fragestellung mag zunächst erstaunen, weil doch die skizzierte historische Entwicklung eher sozialer, politischer und wirtschaftlicher Natur ist und demnach der Schluß sich aufdrängt, daß die Mittel der Abhilfe ebenfalls wirtschafts- und gesellschaftspolitischer Art sein müssen. Im Kontrast zu solchen politischen Bemühungen um die Veränderung gesellschaftlicher Großaggregate und ihrer Spielregeln steht die Tatsache, daß die berufliche Tätigkeit des Therapeuten oder Erziehers sich auf der Ebene des persönlichen Gesprächs und der persönlichen Beziehung mit einer doch recht überschaubaren Zahl von Menschen bewegt.

Es kommt hinzu, daß ADLER selbst jede parteipolitische Bindung der Individualpsychologie mit Recht abgelehnt hat, weil er ihr die Aufgabe zudachte, als »Erbin aller großen Menschenbewegungen, die auf das Wohl der Menschheit hinzielten«, zu wirken, und in diesem Sinne vor allem »Überbrückungsarbeit« zwischen den zerstrittenen Teilen der einen und ganzen Menschheit zu leisten (5). Dennoch hat er stets auf die soziale Verantwortlichkeit der Psychologen hingewiesen. Psychotherapie und individualpsychologische Erziehungsarbeit im Sinne dieser Verantwortlichkeit zu betreiben, heißt aber nun, sie als einen sozialen Lernprozeß zu organisieren, durch den die Teilnehmer befähigt werden, mit ihren Mitmenschen reibungsloser, unaggressiver, gewinnbringender – in menschlicher, nicht in materieller Hinsicht – und sozial effektiver zusammenzuarbeiten. Der nervöse Charakter soll in der Therapie soziale Geschicklichkeiten und soziale Motivationen nachlernen und einüben, die der gesündere, gemeinschaftsfähigere Zeitgenosse bereits in Kindheit und Jugend erworben hat. Der entscheidende Punkt, auf den unsere Überlegungen hinzielen, liegt nun in der Beobachtung, daß der gesündere Mitmensch diese sozialen Lernprozesse in einem menschlichen Beziehungsgeflecht absolviert hat, das wir als eine relativ offene, kooperative Gruppe definieren können. Daraus ergibt sich als Schlußfolgerung, daß auch die emotional korrigierenden Erfahrungen, die durch Psychotherapie vermittelt werden sollten, am effektivsten im Rahmen einer ähnlichen Gruppensituation gewonnen werden. Denn die isolierte Zweierbeziehung von Therapeut und Patient, von Lehrer und Schüler kann derartige Erfahrungsmöglichkeiten nur beschränkt zur Verfügung stellen. Nach Erkenntnissen, wie sie in der Schule Kurt Lewins formuliert wurden, werden die Grundüberzeugungen eines Menschen nur verändert, werden neue Werte und Wertorientierungen nur übernommen, wenn die betreffende Person einen Wechsel ihrer Gruppenzugehörigkeit vornimmt. Oder es müssen Personen, die den Bezug zu einer sozialen Gruppe überhaupt verloren haben, dafür gewonnen werden, sich wieder einer sozialen Gemeinschaft anzuschließen. Die positiven Wirkungen einer solchen Gruppenzugehörigkeit oder eines Wechsels aus autoritär erkrankten Gruppen in eine kooperative, nicht-aggressive Gemeinschaft können nicht ersetzt werden durch die Beziehung zu *einer* einzigen, wichtigen Bezugsperson. Wenn alle Gefühle, Ängste, Frustrationen und Sehnsüchte in der Beziehung zu *einer* wesentlichen Person untergebracht werden sollen, dann leidet diese Beziehung bald ebenso an emotionaler Überhitzung, wie wir dies in der Kleinfamilie so häufig antreffen.

Mein Plädoyer für den Aufbau therapeutisch arbeitender größerer Gruppen enthält zugleich eine Kritik an der intimen Zweierbeziehung, wie sie in der Psychoanalyse zwischen Analytiker und Analysand über Jahre aufrecht erhalten wird. Dieses Arrangement ähnelt stark eben jener Verwöhnungssituation, wie sie zwischen Mutter und Kindern in der modernen Kleinfamilie so häufig anzutreffen ist. Die enge Abhängigkeitsbeziehung des Verwöhnten wird hier noch einmal künstlich verlängert und versäumt wird wiederum, ihn auf das Leben in der größeren Gemeinschaft angemessen vorzubereiten. Weil diese Beziehung lebensfremd ist, wird ihr Abbruch zum Ziel der Behandlung erhoben. – Demgegenüber hat ADLER frühzeitig versucht, die individualpsychologische Beratungsarbeit öffentlich durchzuführen, indem er zum Beispiel in den Wiener Erziehungsberatungsstellen auf offene Türen drang (6). Damit wird die Gruppe zum Gesprächspartner des einzelnen, der seine Probleme dadurch nicht mehr als diskriminierende Besonderheit seiner Person erleben muß, die in aller Heimlichkeit beseitigt werden sollen. Individualpsychologische Beratung und Erziehung, so kann man mit ADLER formulieren, arbeitet an der Umerziehung oder Nacherziehung von Menschen, die in schlecht funktionierenden menschlichen Gruppen wenig lebenstaugliche, wenig gemeinschaftsorientierte Lernprozesse durchlaufen haben. »Umerziehung«, darauf hat KURT LEWIN 1945 etwas einseitig, weil nur mit Blick auf die »autoritären Deutschen«, hingewiesen, »entspricht dem Vorgang, durch den das Individuum, während es in die Kultur hineinwächst, in der es sich befindet, sich das Wertsystem und die Anzahl von Tatsachen aneignet, die später sein Denken und sein Verhalten bestimmen werden.« (7) Wir vermeiden aber bei dieser Umerziehungsarbeit die üblichen Fehler und Mängel der heutigen Erziehung in der Kleinfamilie nur, wenn wir deren quantitative Enge hinter uns lassen, so daß der Beratene und Lernende nicht alle seine »Gefühlseier« in einen Korb legen muß. Die Gesprächsbeziehung zum Therapeuten wird natürlich durch das Prinzip der Gruppenarbeit nicht völlig abgeschafft, aber sie ist eingebettet in das größere Beziehungsfeld der Gruppe und ihrer verschiedenen Aktivitäten.

Die Erweiterung der therapeutischen Arzt-Patient-Beziehung zu einer Gruppenmitgliedschaft bringt denen, die sich einer solchen Gruppe anschließen, die Fülle an Beziehungsmöglichkeiten zurück, wie sie in der modernen Kleinfamilie gerade verlorengegangen ist. Die therapeutische Großgruppe mit mehreren hundert Mitgliedern – das zeigen unsere Erfahrungen in Berlin – bietet dem einzelnen die zwanglose Möglichkeit, nicht nur die *Fähigkeit* der Kontaktaufnahme zu anderen Männern und

Frauen einzuüben, sondern er findet hier zugleich eine *existie-rende* Gruppe vor, der er sich als einer Arbeits- und Lebensge-meinschaft eingliedern kann. Hier braucht er Beziehungsfähig-keit nicht unter der Perspektive des Beziehungsabbruchs zu üben, sondern er kann sich innerhalb der Gruppe aus einem Ler-nenden zu einem selber Lehrenden entwickeln für diejenigen, die nach ihm dazustoßen. Schließlich – und damit kehre ich zur poli-tischen Dimension des Themas zurück – könnte sich die auf ge-genseitiger Hilfe und menschlicher Solidarität beruhende Grup-penarbeit als ein Organisationsprinzip erweisen, das bei einer quantitativ ins Gewicht fallenden Ausbreitung in der Gesell-schaft als Kompensation jenes Schrumpfungsprozesses der menschlichen Gruppe wirkt, wie er mit der kapitalistischen Ent-wicklung bisher verbunden ist. Therapeutisch organisierte, lern-orientierte, für alle gutwilligen Menschen offene Großgruppen wären ein wirksamer Schutz gegen die Ausbreitung autoritärer politischer Bewegungen, die an der Vereinzelung und Vereinsa-mung der Menschen in der großstädtischen Industriegesellschaft ihren Nährboden haben. Großgruppentherapie als die »Psycho-therapie der Zukunft« wie RATTNER sie nennt (8), ist von der Idee her nicht gänzlich neu, weil ALFRED ADLER mindestens in die Richtung bereits vorausgedacht hat. Sie ist jedoch noch immer recht neu als tatsächlich praktizierte Lebensform. Für ihre wei-tere Ausbreitung darf man auf einen sozialen Mechanismus hof-fen, der ebenfalls von KURT LEWIN formuliert wurde: »Nur in-dem es sein eigenes Verhalten in etwas verankert, das so groß ist, so gehaltvoll und so überindividuell wie die Kultur einer Gruppe, kann das Individuum seine neuen Ansichten genügend festigen, um sie gegen die täglichen Stimmungsschwankungen und Ein-flüsse immun zu halten, denen es als Individuum ausgesetzt ist.«

Literatur

1 ADLER, ALFRED, Der Sinn des Lebens, Wien/Leipzig 1933, S. 27ff.
2 LIDZ, THEODORE, Familie und psychosoziale Entwicklung, 1961, Frankfurt/M. 1971.
3 HOMANS, GEORGE C., Theorie der sozialen Gruppe, 1950, Opladen 1972 (6. Aufl.), S. 269f.
4 FROMM, ERICH, Die Furcht vor der Freiheit, 1941, Frankfurt/M. 1971 (4. Aufl.).

5 ADLER/JAHN, Religion und Individualpsychologie, 1933, Frankfurt/M. 1975, S. 98.
6 ANSBACHER, H. u. R., Alfred Adlers Individualpsychologie, München 1972, S. 362.
7 LEWIN, KURT, Die Lösung sozialer Konflikte, 1945/48, Bad Nauheim 1953, S. 92 ff.
8 RATTNER, JOSEF, Gruppentherapie – die Psychotherapie der Zukunft, B.-Gladbach 1972.

Studienausgaben

verlegt bei Kindler